PREFACIO

La colección de guías de conversación para viajar "Todo irá bien" publicada por T&P Books está diseñada para personas que viajan al extranjero para turismo y negocios. Las guías contienen lo más importante - los elementos esenciales para una comunicación básica.Éste es un conjunto de frases imprescindibles para "sobrevivir" mientras está en el extranjero.

Esta guía de conversación le ayudará en la mayoría de los casos donde usted necesite pedir algo, conseguir direcciones, saber cuánto cuesta algo, etc. Puede también resolver situaciones difíciles de la comunicación donde los gestos no pueden ayudar.

Este libro contiene una gran cantidad de frases que han sido agrupadas según los temas más relevantes. Esta edición también incluye un pequeño vocabulario que contiene alrededor de 3.000 de las palabras más frecuentemente usadas.Otra sección de la guía proporciona un glosario gastronómico que le puede ayudar a pedir los alimentos en un restaurante o a comprar comestibles en la tienda.

Llévese la guía de conversación "Todo irá bien" en el camino y tendrá una insustituible compañera de viaje que le ayudará a salir de cualquier situación y le enseñará a no temer hablar con extranjeros.

TABLA DE CONTENIDOS

T&P Books Publishing

Colección de guías de conversación
"¡Todo irá bien!"

T&P Books Publishing

GUÍA DE CONVERSACIÓN

— ARMENIO —

Andrey Taranov

LAS PALABRAS Y LAS FRASES MÁS ÚTILES

Esta Guía de Conversación
contiene las frases y las
preguntas más comunes
necesitadas para una
comunicación básica
con extranjeros

T&P BOOKS

Guía de conversación + diccionario de 3000 palabras

Guía de conversación Español-Armenio y vocabulario temático de 3000 palabras

por Andrey Taranov

La colección de guías de conversación para viajar "Todo irá bien" publicada por T&P Books está diseñada para personas que viajan al extranjero para turismo y negocios. Las guías contienen lo más importante - los elementos esenciales para una comunicación básica. Éste es un conjunto de frases imprescindibles para "sobrevivir" mientras está en el extranjero.

Este libro también incluye un pequeño vocabulario temático que contiene alrededor de 3.000 de las palabras más frecuentemente usadas. Otra sección de la guía proporciona un glosario gastronómico que le puede ayudar a pedir los alimentos en un restaurante o a comprar comestibles en la tienda.

T&P Books Publishing
www.tpbooks.com

ISBN: 978-1-78492-664-9

Este libro está disponible en formato electrónico o de E-Book también.
Visite www.tpbooks.com o las librerías electrónicas más destacadas en la Red.

PRONUNCIACIÓN

T&P alfabeto fonético	Ejemplo armenio	Ejemplo español
[a]	ճանաչել [čanačél]	radio
[ə]	փսփսալ [pʰəspʰəsál]	llave
[e]	հեկտար [hektár]	verano
[ē]	էկրան [ēkrán]	mes
[i]	ֆիզիկոս [fizikós]	ilegal
[o]	շոկոլադ [šokolád]	bordado
[u]	հույնուհի [hujnuhí]	mundo
[b]	բամբակ [bambák]	en barco
[d]	դադար [dadár]	desierto
[f]	ֆաբրիկա [fábrika]	golf
[g]	գանգ [gang]	jugada
[j]	դյույմ [djujm]	asiento
[h]	հայուհի [hajuhí]	registro
[x]	խախտել [xaχtél]	reloj
[k]	կոճակ [kočák]	charco
[l]	փիլել [pʰlvel]	lira
[m]	մտածել [mtatsél]	nombre
[t]	տաքսի [taksí]	torre
[n]	նրանք [nrankʰ]	número
[r]	լար [lar]	era, alfombra
[p]	պոմպ [pomp]	precio
[ǵ]	տղամարդ [tǵamárd]	R francesa (gutural)
[s]	սոուս [soús]	salva
[ts]	ծանոթ [tsanótʰ]	tsunami
[v]	ոստիկան [vostikán]	travieso
[z]	զանգ [zang]	desde
[kʰ]	երեք [erékʰ]	[k] aspirada
[pʰ]	փրկել [pʰrkel]	[p] aspirada
[tʰ]	թատրոն [tʰatrón]	[t] aspirada
[tsʰ]	ակնոց [aknótsʰ]	[ts] aspirado
[ӡ]	ժամանակ [ӡamanák]	adyacente
[dz]	ծձիկ [odzíkʰ]	inglés kids
[ʤ]	հաջող [haʤóǵ]	jazz
[č]	վիճել [vičél]	mapache

5

T&P alfabeto fonético	Ejemplo armenio	Ejemplo español
[š]	շահույթ [šahújtʰ]	shopping
[']	բառակ [baʒák]	acento primario

LISTA DE ABREVIATURAS

Abreviatura en español

adj	-	adjetivo
adv	-	adverbio
anim.	-	animado
conj	-	conjunción
etc.	-	etcétera
f	-	sustantivo femenino
f pl	-	femenino plural
fam.	-	uso familiar
fem.	-	femenino
form.	-	uso formal
inanim.	-	inanimado
innum.	-	innumerable
m	-	sustantivo masculino
m pl	-	masculino plural
m, f	-	masculino, femenino
masc.	-	masculino
mat	-	matemáticas
mil.	-	militar
num.	-	numerable
p.ej.	-	por ejemplo
pl	-	plural
pron	-	pronombre
sg	-	singular
v aux	-	verbo auxiliar
vi	-	verbo intransitivo
vi, vt	-	verbo intransitivo, verbo transitivo
vr	-	verbo reflexivo
vt	-	verbo transitivo

Puntuación en armenio

́	-	signo de admiración
՞	-	signo de interrogación
,	-	coma

T&P BOOKS

GUÍA DE
CONVERSACIÓN
ARMENIO

Esta sección contiene frases importantes que pueden resultar útiles en varias situaciones de la vida real. La Guía le ayudará a pedir direcciones, aclaración sobre precio, comprar billetes, y pedir alimentos en un restaurante

T&P Books Publishing

CONTENIDO DE LA GUÍA DE CONVERSACIÓN

T&P Books Publishing

Lo más imprescindible

Perdone, …	Ներեցեք, … [nerets^hék^h, …]
Hola.	Բարև Ձեզ: [barév dzez]
Gracias.	Շնորհակալություն: [šnorhakalut^hjún]

Sí.	Այո: [ajó]
No.	Ոչ: [voč]
No lo sé.	Ես չգիտեմ: [es čgitém]
¿Dónde?	¿A dónde?	¿Cuándo?	Ո՞րտեղ:	Ո՞ւր:	Ե՞րբ: [vórteg?	ur?	erb?]

Necesito …	Ինձ հարկավոր է … [indz harkavór ě …]
Quiero …	Ես ուզում եմ … [es uzúm em …]
¿Tiene …?	Դուք ունե՞ք …: [duk^h unék^h …?]
¿Hay … por aquí?	Այստեղ կա՞ …: [ajstég ka …?]
¿Puedo …?	Ես կարո՞ղ եմ …: [es karóg em …?]
…, por favor? (petición educada)	Խնդրում եմ [χndrum em]

Busco …	Ես փնտրում եմ … [es p^hntrúm em …]
el servicio	զուգարան [zugarán]
un cajero automático	բանկոմատ [bankomát]
una farmacia	դեղատուն [degatún]
el hospital	հիվանդանոց [hivandanóts^h]

| la comisaría | ոստիկանության բաժանմունք
[vostikanut^hján bažanmúnk^h] |
| el metro | մետրո
[metró] |

12

un taxi	տաքսի [takʰsí]
la estación de tren	կայարան [kajarán]

Me llamo …	Իմ անունը … է: [im anúnə … ē]
¿Cómo se llama?	Ձեր անունն ի՞նչ է: [dzer anúnn ínčʰ ē?]
¿Puede ayudarme, por favor?	Oգնեցեք ինձ, խնդրեմ: [ognetsʰékʰ indz, χndrem]
Tengo un problema.	Ես խնդիր ունեմ: [es χndír uném]
Me encuentro mal.	Ես ինձ վատ եմ զգում: [es indz vat em zgúm]
¡Llame a una ambulancia!	Շտապ օգնություն կանչեք: [štap ognutʰjún kančékʰ]
¿Puedo llamar, por favor?	Կարո՞ղ եմ զանգահարել: [karóɣ em zangaharél?]

Lo siento.	Ներեցեք [neretsʰékʰ]
De nada.	Խնդրեմ [χndrem]

Yo	ես [es]
tú	դու [du]
él	նա [na]
ella	նա [na]
ellos	նրանք [nrankʰ]
ellas	նրանք [nrankʰ]
nosotros /nosotras/	մենք [menkʰ]
ustedes, vosotros	դուք [dukʰ]
usted	Դուք [nrankʰ]

ENTRADA	ՄՈՒՏՔ [mutkʰ]
SALIDA	ԵԼՔ [elkʰ]
FUERA DE SERVICIO	ՉԻ ԱՇԽԱՏՈՒՄ [či ašχatúm]
CERRADO	ՓԱԿ Է [pʰak ē]

ABIERTO	ԲԱՑ Է [batsʰ ē]
PARA SEÑORAS	ԿԱՆԱՑ ՀԱՄԱՐ [kanántsʰ hamár]
PARA CABALLEROS	ՏՂԱՄԱՐԴԿԱՆՑ ՀԱՄԱՐ [tġamardkántsʰ hamár]

Preguntas

¿Dónde?
Որտե՞ղ:
[vortég?]

¿A dónde?
Ո՞ւր:
[ur?]

¿De dónde?
Որտեղի՞ց:
[vorteġíts?]

¿Por qué?
Ինչու՞:
[inčú?]

¿Con que razón?
Ինչի՞ համար:
[inčí hamar?]

¿Cuándo?
Ե՞րբ:
[erb?]

¿Cuánto tiempo?
Ինչքա՞ն ժամանակ:
[inčkʰán ʒamanák?]

¿A qué hora?
Ժամը քանիսի՞ն:
[ʒámə kʰanisín?]

¿Cuánto?
Ի՞նչ արժե:
[inč arʒé?]

¿Tiene ...?
Դուք ունե՞ք ...:
[dukʰ unékʰ ...?]

¿Dónde está ...?
Որտե՞ղ է գտնվում ...:
[vortég ē gtnvum ...?]

¿Qué hora es?
Ժամը քանի՞սն է:
[ʒámə kʰanísn ē?]

¿Puedo llamar, por favor?
Կարո՞ղ եմ զանգահարել:
[karóġ em zangaharél?]

¿Quién es?
Ո՞վ է:
[ov ē?]

¿Se puede fumar aquí?
Կարո՞ղ եմ այստեղ ծխել:
[karóġ em ajstég tsχel?]

¿Puedo ...?
Ես կարո՞ղ եմ ...:
[es karóġ em ...?]

Necesidades

Quisiera …	Ես կուզենայի … [es kuzenají …]
No quiero …	Ես չեմ ուզում … [es čem uzúm …]
Tengo sed.	Ես ծարավ եմ: [es tsaráv em]
Tengo sueño.	Ես ուզում եմ քնել: [es uzúm em kʰnel]

Quiero …	Ես ուզում եմ … [es uzúm em …]
lavarme	լվացվել [lvatsʰvél]
cepillarme los dientes	ատամներս մաքրել [atamnérs makʰrél]
descansar un momento	մի քիչ հանգստանալ [mi kʰič hangstanál]
cambiarme de ropa	շորերս փոխել [šorérs pʰoxél]

volver al hotel	վերադառնալ հյուրանոց [veradarnál hjuranótsʰ]
comprar …	գնել … [gnel …]
ir a …	գնալ … [gnal …]
visitar …	այցելել … [ajtsʰelél …]
quedar con …	հանդիպել … հետ [handipél … het]
hacer una llamada	զանգահարել [zangaharél]

Estoy cansado /cansada/.	Ես հոգնել եմ: [es hognél em]
Estamos cansados /cansadas/.	Մենք հոգնել ենք: [menk hognél enkʰ]
Tengo frío.	Ես մրսում եմ: [es mrsum em]
Tengo calor.	Ես շոգում եմ: [es šogúm em]
Estoy bien.	Ես լավ եմ: [es lav em]

Tengo que hacer una llamada.

Ես պետք է զանգահարեմ։
[es petk^h ē zangaharém]

Necesito ir al servicio.

Ես զուգարան եմ ուզում։
[es zugarán em uzúm]

Me tengo que ir.

Գնալս ժամանակն է։
[gnalŭs ʒamanákn ē]

Me tengo que ir ahora.

Ես պետք է գնամ։
[es petk^h ē gnam]

Preguntar por direcciones

Perdone, ...	Ներեցեք, ... [neretsʰékʰ, ...]
¿Dónde está ...?	Որտե՞ղ է գտնվում ... [vortég é gtnvum ...?]
¿Por dónde está ...?	Ո՞ր ուղղությամբ է գտնվում ... [vor uġġutʰjámb é gtnvum ...?]
¿Puede ayudarme, por favor?	Օգնեցեք ինձ, խնդրեմ: [ognetsʰékʰ indz, χndrem]

Busco ...	Ես փնտրում եմ ... [es pʰntrum em ...]
Busco la salida.	Ես փնտրում եմ ելքը: [es pʰntrum em élkʰə]
Voy a ...	Ես գնում եմ ... [es gnum em ...]
¿Voy bien por aquí para ...?	Ես ճի՞շտ եմ գնում ...: [es čišt em gnum ...?]

¿Está lejos?	Դա հեռո՞ւ է: [da hērú é?]
¿Puedo llegar a pie?	Ես կհասնե՞մ այնտեղ ոտքով: [es khasném ajntég votkʰóv?]
¿Puede mostrarme en el mapa?	Ցույց տվեք ինձ քարտեզի վրա, խնդրում եմ: [tsʰujtsʰ tvekʰ indz kartezí vra, χndrum em]
Por favor muestreme dónde estamos.	Ցույց տվեք՝ որտեղ ենք մենք հիմա: [tsʰujtsʰ tvekʰ, vortég enkʰ menkʰ himá]

Aquí	Այստեղ [ajstég]
Allí	Այնտեղ [ajntég]
Por aquí	Այստեղ [ajstég]

Gire a la derecha.	Թեքվեք աջ: [tʰekvékʰ ač]
Gire a la izquierda.	Թեքվեք ձախ: [tʰekvékʰ dzáχ]
la primera (segunda, tercera) calle	առաջին (երկրորդ, երրորդ) շրջադարձ [aračín (erkrórd, errórd) šrǰadárts]
a la derecha	դեպի աջ [depi ač]

a la izquierda

դեպի ձախ
[depi dzaχ]

Siga recto.

Գնացեք ուղիղ:
[gnatsʰékʰ ugíg]

Carteles

¡BIENVENIDO!	ԲԱՐԻ՛ ԳԱԼՈՒՍՏ: [barí galúst!]
ENTRADA	ՄՈՒՏՔ [mutkʰ]
SALIDA	ԵԼՔ [elkʰ]

EMPUJAR	ԴԵՊԻ ՆԵՐՍ [depí ners]
TIRAR	ԴԵՊԻ ԴՈՒՐՍ [depí durs]
ABIERTO	ԲԱՑ Է [batsʰ ē]
CERRADO	ՓԱԿ Է [pʰak ē]

PARA SEÑORAS	ԿԱՆԱՆՑ ՀԱՄԱՐ [kanántsʰ hamár]
PARA CABALLEROS	ՏՂԱՄԱՐԴԿԱՆՑ ՀԱՄԱՐ [tġamardkántsʰ hamár]
CABALLEROS	ՏՂԱՄԱՐԴԿԱՆՑ ԶՈՒԳԱՐԱՆ [tġamardkántsʰ zugarán]
SEÑORAS	ԿԱՆԱՆՑ ԶՈՒԳԱՐԱՆ [kanántsʰ zugarán]

REBAJAS	ԶԵՂՉ [zeġč]
VENTA	ԻՍՊԱՌ ՎԱՃԱՌՔ [ispár vačárkʰ]
GRATIS	ԱՆՎՃԱՐ [anvčár]
¡NUEVO!	ՆՈՐՈՒ՛ՅԹ [norújtʰ]
ATENCIÓN	ՈՒՇԱԴՐՈՒԹՅՈ՛ՒՆ [ušadrutʰjún]

COMPLETO	ԱԶԱՏ ՀԱՄԱՐՆԵՐ ՉԿԱՆ [azát hamarnér čkan]
RESERVADO	ՊԱՏՎԻՐՎԱԾ Է [patvirváts ē]
ADMINISTRACIÓN	ԱԴՄԻՆԻՍՏՐԱՅԻՆ [administratsʰiá]
SÓLO PERSONAL AUTORIZADO	ՄԻԱՅՆ ԱՆՁՆԱԿԱԶՄԻ ՀԱՄԱՐ [miájn andznakazmí hamár]

CUIDADO CON EL PERRO	ԿԱՏԱՂԱԾ ՇՈՒՆ [kataġáts šun]
NO FUMAR	ՉԾԽԵԼ [čtsχel]
NO TOCAR	ՋԵՌՔԵՐՈՎ ՉԴԻՊՉԵԼ [dzerkʰeróv čdipčél]
PELIGROSO	ՎՏԱՆԳԱՎՈՐ Է [vtangavór ē]
PELIGRO	ՎՏԱՆԳ [vtang]
ALTA TENSIÓN	ԲԱՐՉՐ ԼԱՐՈՒՄ [bartsr larúm]
PROHIBIDO BAÑARSE	ԼՈՂԱԼՆ ԱՐԳԵԼՎՈՒՄ Է [loġáln argelvúm ē]
FUERA DE SERVICIO	ՉԻ ԱՇԽԱՏՈՒՄ [či ašχatúm]
INFLAMABLE	ԴՅՈՒՐԱՎԱՌ Է [djuravár ē]
PROHIBIDO	ԱՐԳԵԼՎԱԾ Է [argelváts ē]
PROHIBIDO EL PASO	ՄՈՒՏՔՆ ԱՐԳԵԼՎԱԾ Է [mutkʰn argelváts ē]
RECIÉN PINTADO	ՆԵՐԿՎԱԾ Է [nerkváts ē]
CERRADO POR RENOVACIÓN	ՓԱԿՎԱԾ Է ՎԵՐԱՆՈՐՈԳՄԱՆ [pʰakváts ē veranorogmán]
EN OBRAS	ՎԵՐԱՆՈՐՈԳՄԱՆ ԱՇԽԱՏԱՆՔՆԵՐ [veranorogmán ašχatankʰnér]
DESVÍO	ՇՐՋԱՆՑՈՒՄ [šrdʒantsʰúm]

Transporte. Frases generales

el avión	ինքնաթիռ [inkʰnatʰir]
el tren	գնացք [gnatsʰkʰ]
el bus	ավտոբուս [avtobús]
el ferry	լաստանավ [lastanáv]
el taxi	տաքսի [takʰsí]
el coche	ավտոմեքենա [avtomekʰená]

el horario	չվացուցակ [čvatsʰutsʰák]
¿Dónde puedo ver el horario?	Որտե՞ղ կարելի է նայել չվացուցակը: [vortég karelí é najél čvatsʰutsʰákə?]
días laborables	աշխատանքային օրեր [ašxatankʰajín orér]
fines de semana	հանգստյան օրեր [hangstsján orér]
días festivos	տոնական օրեր [tonakán orér]

SALIDA	ՄԵԿՆՈՒՄ [meknúm]
LLEGADA	ԺԱՄԱՆՈՒՄ [ʒamanúm]
RETRASADO	ՈՒՇԱՑՈՒՄ [ušatsʰúm]
CANCELADO	ՉԵՂՅԱԼ [čeǧjál]

siguiente (tren, etc.)	հաջորդ [haʒórd]
primero	առաջին [aračín]
último	վերջին [verčín]

¿Cuándo pasa el siguiente ...?	Ե՞րբ է լինելու հաջորդ ...: [erb é linelú haʒórd ...?]
¿Cuándo pasa el primer ...?	Ե՞րբ է մեկնում առաջին ...: [erb é meknúm aračín ...?]

¿Cuándo pasa el último …?

Ե՞րբ է մեկնում վերջին …:
[erb ē meknúm verčín …?]

el trasbordo (cambio de trenes, etc.)

նստափոխ
[nstapʰóχ]

hacer un trasbordo

նստափոխ կատարել
[nstapʰóχ katarél]

¿Tengo que hacer un trasbordo?

Ես պետք է նստափո՞խ կատարեմ:
[es petkʰ ē nstapʰóχ katarém?]

Comprar billetes

¿Dónde puedo comprar un billete?	Որտե՞ղ կարող եմ տոմսեր գնել: [vortég karóg em tomsér gnel?]
el billete	տոմս [toms]
comprar un billete	տոմս գնել [toms gnel]
precio del billete	տոմսի արժեքը [tomsí arʒékʰə]

¿Para dónde?	Ո՞ւր: [ur?]
¿A qué estación?	Մինչև ո՞ր կայարան: [minčév vor kajarán?]
Necesito ...	Ինձ հարկավոր է ... [indz harkavór ē ...]
un billete	մեկ տոմս [mek toms]
dos billetes	երկու տոմս [erkú toms]
tres billetes	երեք տոմս [erékʰ toms]

sólo ida	մեկ ուղղությամբ [mek uġġutʰjámb]
ida y vuelta	վերադարձով [veradarǐsóv]
en primera (primera clase)	առաջին դաս [aračín das]
en segunda (segunda clase)	երկրորդ դաս [erkrórd das]

hoy	այսօր [ajsór]
mañana	վաղը [vágə]
pasado mañana	վաղը չէ մյուս օրը [vágə čē mjus órə]
por la mañana	առավոտյան [aravotján]
por la tarde	ցերեկը [tsʰerékə]
por la noche	երեկոյան [erekoján]

asiento de pasillo

տեղ միջանցքի մոտ
[teǵ midźantsʰkʰí mot]

asiento de ventanilla

տեղ պատուհանի մոտ
[teǵ patuhaní mot]

¿Cuánto cuesta?

Ինչքա՞ն:
[inčkʰán?]

¿Puedo pagar con tarjeta?

Կարո՞ղ եմ վճարել քարտով:
[karóǵ em včarél kʰartóv?]

Autobús

el autobús	ավտոբուս [avtobús]
el autobús interurbano	միջքաղաքային ավտոբուս [miĵkağakʰajin avtobús]
la parada de autobús	ավտոբուսի կանգառ [avtobúsi kangár]
¿Dónde está la parada de autobuses más cercana?	Որտե՞ղ է մոտակա ավտոբուսի կանգառը: [vortég ē motaká avtobusí kangárə?]

número	համար [hamár]
¿Qué autobús tengo que tomar para ...?	Ո՞ր ավտոբուսն է գնում մինչև ...: [vor avtobúsn ē gnum minčév ...?]
¿Este autobús va a ...?	Այս ավտոբուսը գնո՞ւմ է մինչև ...: [ajs avtobúse gnum ē minčév ...?]
¿Cada cuanto pasa el autobús?	Որքա՞ն հաճախ են երթևեկում ավտոբուսները: [vorkʰán hačáx en ertevekum avtobusnérə?]

cada 15 minutos	յուրաքանչյուր տասնհինգ րոպեն մեկ [jurakʰančĵúr tasnhíng ropén mek]
cada media hora	յուրաքանչյուր կեսժամը մեկ [jurakʰančĵúr kes ĵámə mek]
cada hora	յուրաքանչյուր ժամը մեկ [jurakʰančĵúr ĵámə mek]
varias veces al día	օրեկան մի քանի անգամ [orekán mi kʰáni angám]
... veces al día	օրեկան ... անգամ [orekán ... angám]

el horario	չվացուցակ [čvatsʰutsʰák]
¿Dónde puedo ver el horario?	Որտե՞ղ կարելí է նայել չվացուցակը: [vortég karelí ē najél čvatsʰutsʰákə?]
¿Cuándo pasa el siguiente autobús?	Ե՞րբ է լինելու հաջորդ ավտոբուսը: [erb ē linelú hadzórd avtobúsə?]
¿Cuándo pasa el primer autobús?	Ե՞րբ է մեկնում առաջին ավտոբուսը: [erb ē meknúm aračín avtobúsə?]
¿Cuándo pasa el último autobús?	Ե՞րբ է մեկնում վերջին ավտոբուսը: [erb ē meknúm verčín avtobúsə?]

la parada

կանգառ
[kangár]

la siguiente parada

հաջորդ կանգառ
[hadzórd kangár]

la última parada

վերջին կանգառ
[verčin kangár]

Pare aquí, por favor.

Կանգնեք այստեղ, խնդրում եմ։
[kangnékʰ ajstéġ, χndrum em]

Perdone, esta es mi parada.

Թույլ տվեք, սա իմ կանգառն է։
[tʰujl tvekʰ, sa im kangárn ē]

Tren

el tren	գնացք [gnatsʰkʰ]
el tren de cercanías	մերձքաղաքային գնացք [merdzkaġakajin gnatsʰkʰ]
el tren de larga distancia	հեռաղնաց գնացք [heragnátsʰ gnatsʰkʰ]
la estación de tren	կայարան [kajarán]
Perdone, ¿dónde está la salida al anden?	Ներեցեք, որտե՞ղ է էլքը դեպի գնացքները: [neretsʰékʰ, vortég ē élkə depí gnatsʰkʰnérə?]

¿Este tren va a ...?	Այս գնացքը գնու՞մ է մինչև ...: [ajs gnátsʰkʰə gnum ē minčév ...?]
el siguiente tren	հաջորդ գնացքը [hadʒórd gnátsʰkʰə]
¿Cuándo pasa el siguiente tren?	Ե՞րբ է լինելու հաջորդ գնացքը: [erb ē linelú hadʒórd gnátsʰkʰə?]
¿Dónde puedo ver el horario?	Որտե՞ղ կարելի է նայել չվացուցակը: [vortég karelí ē najél čvatsʰutsʰákə?]
¿De qué andén?	Ո՞ր հարթակից: [vor hartʰakítsʰ?]
¿Cuándo llega el tren a ...?	Ե՞րբ է գնացքը ժամանում ...: [erb ē gnátsʰkʰə ʒamanúm ...?]

Ayudeme, por favor.	Օգնեցեք ինձ, խնդրեմ: [ognetsʰékʰ indz, χndrem]
Busco mi asiento.	Ես փնտրում եմ իմ տեղը: [es pʰntrúm em im tégə]
Buscamos nuestros asientos.	Մենք փնտրում ենք մեր տեղերը: [menkʰ pʰntrúm enkʰ mer teġérə]

Mi asiento está ocupado.	Իմ տեղը զբաղված է: [im tégə zbaġváts ē]
Nuestros asientos están ocupados.	Մեր տեղերը զբաղված են: [mer teġérə zbaġváts en]
Perdone, pero ese es mi asiento.	Ներեցեք, խնդրում եմ, բայց սա իմ տեղն է: [neretsʰékʰ, χndrum ēm, bajtsʰ sa im teġn ē]

¿Está libre?

Այս տեղն ազա՞տ է:
[ajs tegn azát ē?]

¿Puedo sentarme aquí?

Կարո՞ղ եմ այստեղ նստել:
[karóg em ajstég nstel?]

En el tren. Diálogo (Sin billete)

Su billete, por favor.	Ձեր տոմսը, խնդրեմ: [dzer tómsə, χndrem]
No tengo billete.	Ես տոմս չունեմ: [es toms čuném]
He perdido mi billete.	Ես կորցրել եմ իմ տոմսը: [es korts^hrél em im tómsə]
He olvidado mi billete en casa.	Ես մոռացել եմ իմ տոմսը տանը: [es morats^hél em im tómsə tánə]

Le puedo vender un billete.	Դուք կարող եք գնել տոմս ինձանից: [duk^h karóg ek^h gnel toms indzaníts^h]
También deberá pagar una multa.	Նաև դուք պետք է վճարեք տուգանք: [naév duk^h petk ē včarék^h tugánk^h]
Vale.	Լավ: [lav]
¿A dónde va usted?	Ո՞ւր եք մեկնում: [ur ek^h meknúm?]
Voy a …	Ես գնում եմ մինչև … [es gnum em minčév …]

¿Cuánto es? No lo entiendo.	Ինչքա՞ն է: Ես չեմ հասկանում: [inčk^hán? es čem haskanúm]
Escríbalo, por favor.	Գրեք, խնդրում եմ: [grek^h, χndrum em]
Vale. ¿Puedo pagar con tarjeta?	Լավ: Կարո՞ղ եմ վճարել քարտով: [lav karóg em včarél k^hartóv?]
Sí, puede.	Այո, կարող եք: [ajó, karóg ek^h]

Aquí está su recibo.	Ահա ձեր անդորրագիրը: [ahá dzer andorragírə]
Disculpe por la multa.	Ցավում եմ տուգանքի համար: [ts^havúm em tugánk^hi hamár]
No pasa nada. Fue culpa mía.	Ոչինչ: Դա իմ մեղքն է: [vočínč. da im megk^hn ē]
Disfrute su viaje.	Հաճելի ճանապարհորդություն ձեզ: [hačelí čanaparhordut^hjún]

Taxi

taxi	տաքսի [tak^hsí]
taxista	տաքսու վարորդ [tak^hsú varórd]
coger un taxi	տաքսի բռնել [tak^hsí brnel]
parada de taxis	տաքսու կանգառ [tak^hsú kangár]
¿Dónde puedo coger un taxi?	Որտե՞ղ կարող եմ տաքսի վերցնել։ [vortég karóg em tak^hsí verts^hnél?]
llamar a un taxi	տաքսի կանչել [tak^hsí kančél]
Necesito un taxi.	Ինձ տաքսի է հարկավոր։ [indz tak^hsí ē harkavór]
Ahora mismo.	Հենց հիմա։ [hents^h híma]
¿Cuál es su dirección?	Ձեր հասցե՞ն։ [dzer hasts^hén?]
Mi dirección es …	Իմ հասցեն … [im hasts^hén …]
¿Cuál es el destino?	Ո՞ւր եք գնալու։ [ur ek^h gnalú?]

Perdone, …	Ներեցեք, … [nerets^hék^h, …]
¿Está libre?	Ազա՞տ եք։ [azát ek^h?]
¿Cuánto cuesta ir a …?	Ի՞նչ արժե հասնել մինչև …։ [inč aržé hasnél minčév …?]
¿Sabe usted dónde está?	Դուք գիտե՞ք որտեղ է դա։ [duk^h giték^h vortég ē da?]

Al aeropuerto, por favor.	Օդանավակայան, խնդրում եմ։ [odanavakaján, χndrum em]
Pare aquí, por favor.	Կանգնեցրեք այստեղ, խնդրում եմ։ [kangnets^hrék^h ajstég, ḡndrum em]
No es aquí.	Դա այստեղ չէ։ [da ajstég čē]
La dirección no es correcta.	Դա սխալ հասցե է։ [da sχal hasts^hé ē]
Gire a la izquierda.	դեպի ձախ [depí dzaχ]
Gire a la derecha.	դեպի աջ [depí ač]

¿Cuánto le debo?	Որքա՞ն պետք է վճարեմ:
	[vorkʰán petkʰ ē včarém?]
¿Me da un recibo, por favor?	Տվեք ինձ չեքը, խնդրում եմ:
	[tvekʰ indz čékʰə, χndrum em]
Quédese con el cambio.	Մանրը պետք չէ:
	[mánrə petkʰ čē]

Espéreme, por favor.	Սպասեք ինձ, խնդրում եմ:
	[spasékʰ indz, χndrum em]
cinco minutos	հինգ րոպե
	[hing ropé]
diez minutos	տաս րոպե
	[tas ropé]
quince minutos	տասնհինգ րոպե
	[tasnhíng ropé]
veinte minutos	քսան րոպե
	[kʰsan ropé]
media hora	կես ժամ
	[kes ʒam]

Hotel

Hola.	Բարև Ձեզ: [barév dzez]
Me llamo ...	Իմ անունը ... է: [im anúnə ... ē]
Tengo una reserva.	Ես համար եմ ամրագրել: [es hamár em amragrél]

Necesito ...	Ինձ հարկավոր է ... [indz harkavór ē ...]
una habitación individual	մեկտեղանոց համար [mekteğanóts^h hamár]
una habitación doble	երկտեղանոց համար [erkteğanóts^h hamár]
¿Cuánto cuesta?	Որքա՞ն այն արժե: [vork^{h}án ajn arʒé?]
Es un poco caro.	Դա մի քիչ թանկ է: [da mi k^{h}ič t^{h}ank ē]

¿Tiene alguna más?	Ունե՞ք որևէ այլ տարբերակ: [unék^h vórevē ajl tarberák?]
Me quedo.	Ես դա կվերցնեմ: [es da kverts^{h}ném]
Pagaré en efectivo.	Ես կանխիկ կվճարեմ: [es kanχík kvčarém]

Tengo un problema.	Ես խնդիր ունեմ: [es χndir uném]
Mi ... no funciona.	Իմ ... փչացել է: [im ... p^{h}čats^{h}él ē]
Mi ... está fuera de servicio.	Իմ ... չի աշխատում: [im ... či asχatúm]
televisión	հեռուստացույցը [herustats^{h}újts^{h}ə]
aire acondicionado	օդորակիչը [odorakíčə]
grifo	ծորակը [tsorákə]

ducha	ցնցուղը [ts^{h}nts^{h}úğə]
lavabo	լվացարանը [lvats^{h}aránə]
caja fuerte	չհրկիզվող պահարանը [čhrkizvóğ paháránə]

33

cerradura	կողպեքը [koġpékʰə]
enchufe	վարդակը [vardákə]
secador de pelo	ֆենը [fénə]

No tengo …	Ես … չունեմ: [es … čuném]
agua	ջուր [dʒur]
luz	լույս [lujs]
electricidad	հոսանք [hosankʰ]

¿Me puede dar …?	Կարո՞ղ եք ինձ տալ …: [karóġ ekʰ indz tal …?]
una toalla	սրբիչ [srbič]
una sábana	ծածկոց [tsatskótsʰ]
unas chanclas	հողաթափեր [hoġatʰapʰér]
un albornoz	խալաթ [xalátʰ]
un champú	շամպուն [šampún]
jabón	օճառ [očár]

Quisiera cambiar de habitación.	Ես կցանկանայի փոխել համարս: [es ktsʰankanáji pʰoxél hamárs]
No puedo encontrar mi llave.	Ես չեմ կարողանում գտնել իմ բանալին: [es čem karoġanúm gtnel im banalín]
Por favor abra mi habitación.	Խնդրում եմ, բացեք իմ համարը: [xndrum em, batsʰékʰ im hamárə]
¿Quién es?	Ո՞վ է: [ov ē?]
¡Entre!	Մտեք: [mtekʰ!]
¡Un momento!	Մեկ րոպե: [mek ropé!]
Ahora no, por favor.	Խնդրում եմ, հիմա չէ: [xndrum em, hima čē]

Venga a mi habitación, por favor.	Խնդրում եմ, ինձ մոտ մտեք: [xndrum em, indz mot mtekʰ]
Quisiera hacer un pedido.	Ես ուզում եմ ուտելիք համար պատվիրել: [es uzúm em utelíkʰ hamár patvirél]

Mi número de habitación es …	Իմ սենյակի համարը … է: [im senjakí hamárə … ē]
Me voy …	Ես մեկնում եմ … [es meknúm em …]
Nos vamos …	Մենք մեկնում ենք … [menkʰ meknúm enkʰ …]
Ahora mismo	հիմա [hímа]
esta tarde	այսօր ճաշից հետո [ajsór čašítsʰ hetó]
esta noche	այսօր երեկոյան [ajsór erekoján]
mañana	վաղը [vágə]
mañana por la mañana	վաղն առավոտյան [vaġn aravotján]
mañana por la noche	վաղը երեկոյան [vágə erekoján]
pasado mañana	վաղը չէ մյուս օրը [vágə čē mjus órə]

Quisiera pagar la cuenta.	Ես կուզենայի հաշիվը փակել: [es kuzenáji hašívə pʰakél]
Todo ha estado estupendo.	Ամեն ինչ հոյակապ էր: [amén inč hojakáp ē]
¿Dónde puedo coger un taxi?	Որտե՞ղ կարող եմ տաքսի վերցնել: [vortéġ karóġ em takʰsí vertsʰnél?]
¿Puede llamarme un taxi, por favor?	Ինձ համար տաքսի կանչեք, խնդրում եմ: [indz hamár takʰsí kančékʰ, χndrum em]

Restaurante

¿Puedo ver el menú, por favor?	Կարո՞ղ եմ նայել ձեր ճաշացանկը: [karóǵ em naél dzer čašatsʰánkə?]
Mesa para uno.	Սեղան մեկ հոգու համար: [seǵán mek hoǵú hamár]
Somos dos (tres, cuatro).	Մենք երկուսով (երեքով, չորսով) ենք: [menkʰ erkusóv (erekʰóv, čorsóv) enkʰ]

Para fumadores	Ծխողների համար [tsχoǵnerí hamár]
Para no fumadores	Չծխողների համար [čtsχoǵnerí hamár]
¡Por favor! (llamar al camarero)	Մոտեցե՛ք խնդրեմ: [motetsʰékʰ χndrém!]
la carta	ճաշացանկ [čašatsʰánk]
la carta de vinos	Գինեքարտ [ginekʰárt]
La carta, por favor.	ճաշացանկը, խնդրեմ: [čašatsʰánkə, χndrem]

¿Está listo para pedir?	Պատրա՞ստ եք պատվիրել: [patrást ekʰ patvirél?]
¿Qué quieren pedir?	Ի՞նչ եք պատվիրելու: [inč ekʰ patvirelú?]
Yo quiero …	Ես կվերցնեմ … [es kvertsʰném …]

Soy vegetariano.	Ես բուսակեր եմ: [es busakér em]
carne	միս [mis]
pescado	ձուկ [dzuk]
verduras	բանջարեղեն [bandžaregén]
¿Tiene platos para vegetarianos?	Դուք ունե՞ք բուսակերական ճաշատեսակներ: [dukʰ unékʰ busakerakán čašatesaknér?]

No como cerdo.	Ես խոզի միս չեմ ուտում: [es χozí mis čem utúm]
Él /Ella/ no come carne.	Նա միս չի ուտում: [na mis či utúm]

Soy alérgico a ...

Ես ...ից ալերգիա ունեմ:
[es ...its^h alergija uném]

¿Me puede traer ..., por favor?

Կնդրում եմ, ինձ ... բերեք:
[xndrum em, indz ... berék^h]

sal | pimienta | azúcar

աղ | պղպեղ | շաքար
[ag | pġpeġ | šak^{h}ár]

café | té | postre

սուրճ | թեյ | աղանդեր
[surč | t^{h}ej | aġandér]

agua | con gas | sin gas

ջուր | գազավորված | չգազավորված
[džúr | gazavorváts | čgazavorváts]

una cuchara | un tenedor | un cuchillo

գդալ | պատառաքաղ | դանակ
[gdal | patarak^{h}áġ | danák]

un plato | una servilleta

ափսե | անձեռոցիկ
[ap^{h}sé | andzerots^{h}ík]

¡Buen provecho!

Բարի ախորժակ!
[barí axoržák!]

Uno más, por favor.

Էլի բերեք, խնդրում եմ:
[éli berék^h, xndrum ēm]

Estaba delicioso.

Շատ համեղ էր:
[šat hameġ ēr]

la cuenta | el cambio | la propina

հաշիվ | մանրադրամ | թեյավճար
[hašiv | manradrám | t^{h}ejavčár]

La cuenta, por favor.

Հաշիվը, խնդրում եմ:
[hašívə, xndrum em]

¿Puedo pagar con tarjeta?

Կարո՞ղ եմ վճարել քարտով:
[karóġ em včarél k^{h}artóv?]

Perdone, aquí hay un error.

Ներեցեք, այստեղ սխալ կա:
[nerets^{h}ék^h, ajstéġ sxal ka]

De Compras

¿Puedo ayudarle?	Կարո՞ղ եմ օգնել ձեզ: [karóg em ognél dzez?]
¿Tiene ...?	Դուք ունե՞ք ...: [dukʰ unékʰ ...?]
Busco ...	Ես փնտրում եմ ... [es pʰntrum em ...]
Necesito ...	Ինձ պետք է ... [indz petkʰ ē ...]

Sólo estoy mirando.	Ես ուղղակի նայում եմ: [es uğğakí najúm em]
Sólo estamos mirando.	Մենք ուղղակի նայում ենք: [menkʰ uğğakí najúm enkʰ]
Volveré más tarde.	Ես ավելի ուշ կայցելեմ: [es avelí uš kajtsʰelém]
Volveremos más tarde.	Մենք ավելի ուշ կայցելենք: [menkʰ avelí uš kajtsʰelénk]
descuentos | oferta	զեղչեր | իսպառ վաճառք [zegčér | ispár vačárkʰ]

Por favor, enséñeme ...	Ցույց տվեք ինձ, խնդրում եմ ... [tsʰujtsʰ tvekʰ indz, χndrum em ...]
¿Me puede dar ..., por favor?	Տվեք ինձ, խնդրում եմ ... [tvekʰ indz, χndrum em...]
¿Puedo probarmelo?	Կարո՞ղ եմ ես սա փորձել? [karóg em es sa pʰordzél?]
Perdone, ¿dónde están los probadores?	Ներեցեք, որտե՞ղ է հանդերձարանը: [nerersʰékʰ, vortég ē handerdzáránə?]
¿Qué color le gustaría?	Ի՞նչ գույն եք ուզում: [inč gujn ekʰ uzum?]
la talla | el largo	չափս | հասակ [čapʰs | hasák]
¿Cómo le queda? (¿Está bien?)	Եղա՞վ: [egáv?]

¿Cuánto cuesta esto?	Սա ինչքա՞ն արժե: [sa inčkʰán arʒē?]
Es muy caro.	Դա չափազանց թանկ է: [da čapʰazántsʰ tʰank ē]
Me lo llevo.	Ես կվերցնեմ սա: [es kvertsʰném sa]
Perdone, ¿dónde está la caja?	Ներեցեք, որտե՞ղ է դրամարկղը: [nerersʰékʰ, vortég ē dramárkgə?]

¿Pagará en efectivo o con tarjeta?

Ինչպե՞ս կ եք վճարելու:
Կանխիկ կ թե քարտով:
[inčpés ekʰ včarelú?
kanχík tʰe kʰartóv?]

en efectivo | con tarjeta

կանխիկ | քարտով
[kanχík | kʰartóv]

¿Quiere el recibo?

Ձեզ չեկն անհրաժե՞շտ է:
[dzez čekʰn anhraʒéšt ē?]

Sí, por favor.

Այո, խնդրում եմ:
[ajó, χndrum em]

No, gracias.

Ոչ, պետք չէ: Շնորհակալություն:
[voč, petkʰ čē. šnorhakalutʰjún]

Gracias. ¡Que tenga un buen día!

Շնորհակալություն: Ցտեսություն'ւն:
[šnorhakalutʰjún tsʰtesutʰjún!]

En la ciudad

Perdone, por favor.	Ներեցեք խնդրեմ ... [neretsʰékʰ, χndrem ...]
Busco ...	Ես փնտրում եմ ... [es pʰntrum em ...]
el metro	մետրո [metró]
mi hotel	իմ հյուրանոցը [im hjuranótsʰə]

el cine	կինոթատրոն [kinotʰatrón]
una parada de taxis	տաքսիների կայան [takʰsinerí kaján]
un cajero automático	բանկոմատ [bankomát]
una oficina de cambio	արժույթի փոխանակման կետ [arʒujtʰí pʰoχanakmán ket]

un cibercafé	ինտերնետ-սրճարան [internét-srčarán]
la calle ...	... փողոցը [... pʰoǧótsʰə]
este lugar	այս տեղը [ajs téǧə]

¿Sabe usted dónde está ...?	Դուք գիտե՞ք որտեղ է գտնվում ...: [dukʰ gitékʰ vortég ē gtnvum ...?]
¿Cómo se llama esta calle?	Ինչպե՞ս է կոչվում այս փողոցը: [inčpés ē kočvúm ajs pʰoǧótsʰə?]
Muestreme dónde estamos ahora.	Ցույց տվեք՝ որտեղ ենք մենք հիմա: [tsʰujtsʰ tvek, vortég enkʰ menkʰ himá]
¿Puedo llegar a pie?	Ես կհասնե՞մ այնտեղ ոտքով: [es khasném ajntég votkʰóv?]
¿Tiene un mapa de la ciudad?	Դուք ունե՞ք քաղաքի քարտեզը: [dukʰ unékʰ kʰaǧakí kʰartézə?]

¿Cuánto cuesta la entrada?	Որքա՞ն արժե մուտքի տոմսը: [vorkán arʒé mutkʰí tómsə?]
¿Se pueden hacer fotos aquí?	Այստեղ կարելի՞ է լուսանկարել: [ajstég karelí ē lusankarél?]
¿Está abierto?	Դուք բա՞ց եք: [dukʰ batsʰ ekʰ?]

¿A qué hora abren?

Ժամը քանիսի՞ն եք դուք բացվում:
[ʒámə kʰanisín ek duk batsʰvúm?]

¿A qué hora cierran?

Մինչև ո՞ր ժամն եք աշխատում:
[minčév vor ʒámn ekʰ ašχatúm?]

Dinero

dinero	փող [pʰoğ]
efectivo	կանխիկ դրամ [kanxík dram]
billetes	թղթադրամ [tʰğtʰadrám]
monedas	մանրադրամ [manradrám]
la cuenta | el cambio | la propina	հաշիվ | մանր | թեյավճար [hašiv | manr | tʰejavčár]

la tarjeta de crédito	կրեդիտ քարտ [kredit kʰart]
la cartera	դրամապանակ [dramapanák]
comprar	գնել [gnel]
pagar	վճարել [včarél]
la multa	տուգանք [tugánkʰ]
gratis	անվճար [anvčár]

¿Dónde puedo comprar ...?	Որտե՞ղ կարող եմ գնել ...: [vórteg karóğ em gnel ...?]
¿Está el banco abierto ahora?	Բանկը հիմա բա՞ց է: [bánkə himá batsʰ é?]
¿A qué hora abre?	Ժամը քանիսի՞ն է այն բացվում: [ʒámə kʰanisín é ajn batsʰvúm?]
¿A qué hora cierra?	Մինչև ո՞ր ժամն է այն աշխատում: [minčév vor ʒamn é ajn ašxatúm?]

¿Cuánto cuesta?	Ինչքա՞ն: [inčkʰán?]
¿Cuánto cuesta esto?	Սա ինչքա՞ն արժե: [sa inčkʰán arʒé?]
Es muy caro.	Դա չափազանց թանկ է: [da čapʰazántsʰ tʰank é]

Perdone, ¿dónde está la caja?	Ներեցեք, որտե՞ղ է դրամարկղը: [neretsʰékʰ, vorteg é dramárkğə?]
La cuenta, por favor.	Հաշիվը, խնդրում եմ: [hašívə, xndrum em]

¿Puedo pagar con tarjeta?

Կարո՞ղ եմ վճարել քարտով։
[karóǵ em včaŕél kʰartóv?]

¿Hay un cajero por aquí?

Այստեղ բանկոմատ կա՞։
[ajstéǵ bankomát ka?]

Busco un cajero automático.

Ինձ բանկոմատ է հարկավոր։
[indz bankomát ē harkavór]

Busco una oficina de cambio.

Ես փնտրում եմ փոխանակման կետ։
[es pʰntrum em pʰoχanakmán ket]

Quisiera cambiar ...

Ես ուզում եմ փոխանակել ...
[es uzúm em pʰoχanakél ...]

¿Cuál es el tipo de cambio?

Ասացեք, խնդրեմ, փոխարժեքը։
[asatsʰékʰ, χndrém, pʰoχarʒékʰə?]

¿Necesita mi pasaporte?

Ձեզ պե՞տք է իմ անձնագիրը։
[dzez petkʰ ē im andznagirə?]

Tiempo

¿Qué hora es?	Ժամը քանի՞սն է: [ʒámə kʰanísn ē?]
¿Cuándo?	Ե՞րբ: [erb?]
¿A qué hora?	Ժամը քանիսի՞ն: [ʒámə kʰanisín?]
ahora | luego | después de …	հիմա | ավելի ուշ | …ից հետո [híma | avelí uš | …itsʰ hetó]

la una	ժերեկկվա ժամը մեկը [tsʰerekvá ʒámə mékə]
la una y cuarto	մեկն անց տասնհինգ րոպե [mékn antsʰ tasnhíng ropé]
la una y medio	մեկն անց կես [mékn antsʰ kes]
las dos menos cuarto	երկուսին տասնհինգ պակաս [erkusín tasnhíng pakás]

una | dos | tres	մեկ | երկու | երեք [mek | erkú | erékʰ]
cuatro | cinco | seis	չորս | հինգ | վեց [čors | hing | vetsʰ]
siete | ocho | nueve	յոթ | ութ | ինը [jotʰ | utʰ | inə]
diez | once | doce	տաս | տասնմեկ | տասներկու [tas | tasnəmék | tasnerkú]

en …	…ից […itsʰ]
cinco minutos	հինգ րոպե [hing ropé]
diez minutos	տաս րոպե [tas ropé]
quince minutos	տասնհինգ րոպե [tasnhíng ropé]
veinte minutos	քսան րոպե [kʰsan ropé]

media hora	կես ժամ [kes ʒam]
una hora	մեկ ժամ [mek ʒam]
por la mañana	առավոտյան [aravotján]

por la mañana temprano	վաղ առավոտյան [vağ aravotján]
esta mañana	այսոր առավոտյան [ajsór aravotján]
mañana por la mañana	վաղն առավոտյան [vağn aravotján]

al mediodía	ճաշին [čašín]
por la tarde	ճաշից հետո [čašíts{h} hetó]
por la noche	երեկոյան [erekoján]
esta noche	այսոր երեկոյան [ajsór erekoján]

por la noche	գիշերը [gišérə]
ayer	երեկ [erék]
hoy	այսոր [ajsór]
mañana	վաղը [vágə]
pasado mañana	վաղը չէ մյուս օրը [vágə čē mjus órə]

¿Qué día es hoy?	Շաբաթվա ի՞նչ օր է այսոր: [šabat{h}vá inč or ē ajsór?]
Es …	Այսոր … է: [ajsór … ē]
lunes	երկուշաբթի [erkušabt{h}í]
martes	երեքշաբթի [erek{h}šabt{h}í]
miércoles	չորեքշաբթի [čorek{h}šabt{h}í]

jueves	հինգշաբթի [hingšabt{h}í]
viernes	ուրբաթ [urbát{h}]
sábado	շաբաթ [šabát{h}]
domingo	կիրակի [kirakí]

Saludos. Presentaciones.

Hola.

Բարև Ձեզ:
[barév dzez]

Encantado /Encantada/ de conocerle.

Ուրախ եմ Ձեզ հետ ծանոթանալու:
[uráx em dzez het tsanotʰanalú]

Yo también.

Նմանապես:
[nmanapés]

Le presento a ...

Ծանոթացեք: Սա ... է:
[tsanotʰatsʰékʰ. sa ... ē]

Encantado.

Շատ հաճելի է:
[šat hačelí ē]

¿Cómo está?

Ինչպե՞ս եք: Ինչպե՞ս են Ձեր գործերը:
[inčpés ekʰ? inčpés en dzer gortsérə?]

Me llamo ...

Իմ անունը ... է:
[im anúnə ... ē]

Se llama ...

Նրա անունը ... է:
[nra anúnə ... ē]

Se llama ...

Նրա անունը ... է:
[nra anúnə ... ē]

¿Cómo se llama (usted)?

Ձեր անունն ի՞նչ է:
[dzer anúnn inč ē?]

¿Cómo se llama (él)?

Ի՞նչ է նրա անունը:
[inč ē nra anúnə?]

¿Cómo se llama (ella)?

Ի՞նչ է նրա անունը:
[ínč ē nra anúnə?]

¿Cuál es su apellido?

Ի՞նչ է Ձեր ազգանունը:
[inč ē dzer azganúnə?]

Puede llamarme ...

Ասացեք ինձ ...
[asatsʰékʰ indz ...]

¿De dónde es usted?

Որտեղի՞ց եք դուք:
[vortegítsʰ ekʰ dukʰ?]

Yo soy de ....

Ես ...ից եմ:
[es ...itsʰ em]

¿A qué se dedica?

Որտե՞ղ եք աշխատում:
[vortég ekʰ ašxatúm?]

¿Quién es?

Ո՞վ է սա:
[ov ē sa?]

¿Quién es él?

Ո՞վ է նա:
[ov ē na?]

¿Quién es ella?

Ո՞վ է նա:
[ov ē na?]

¿Quiénes son?

Ո՞վ են նրանք:
[ov en nrankʰ?]

Este es ...	Սա ...ն է: [sa ...n ë]
mi amigo	իմ ընկեր [im ənkér]
mi amiga	իմ ընկերուհի [im ənkeruhí]
mi marido	իմ ամուսին [im amusín]
mi mujer	իմ կին [im kin]

mi padre	իմ հայր [im hajr]
mi madre	իմ մայր [im majr]
mi hermano	իմ եղբայր [im eǧbájr]
mi hermana	իմ քույր [im kʰujr]
mi hijo	իմ որդի [im vordí]
mi hija	իմ դուստր [im dustr]

Este es nuestro hijo.	Սա մեր որդին է: [sa mer vordín ë]
Esta es nuestra hija.	Սա մեր դուստրն է: [sa mer dustrn ë]
Estos son mis hijos.	Սրանք իմ երեխաներն են: [srankʰ im ereχanérn en]
Estos son nuestros hijos.	Սրանք մեր երեխաներն են: [srankʰ mer ereχanérn en]

47

Despedidas

¡Adiós!
Ցտեսություն։
[ts'tesut'jún!]

¡Chau!
Հաջո'ղ։
[hadžóg!]

Hasta mañana.
Մինչ վաղը։
[minč vágə]

Hasta pronto.
Մինչ հանդիպում։
[minč handipúm]

Te veo a las siete.
Կհանդիպենք ժամը յոթին։
[khandipénk' žámə jot'in]

¡Que se diviertan!
Զվարճացե'ք։
[zvarčats'ék'!]

Hablamos más tarde.
Հետո կխոսենք։
[hetó kxosénk']

Que tengas un buen fin de semana.
Հաջող հանգստյան օրեր եմ ցանկանում։
[hadžóg hangstján orér em ts'ankanúm]

Buenas noches.
Բարի գիշեր։
[barí gišér]

Es hora de irme.
Գնալու ժամանակն է։
[gnalús žamanákn é]

Tengo que irme.
Ես պետք է գնամ։
[es petk' é gnam]

Ahora vuelvo.
Ես հիմա կվերադառնամ։
[es himá kveradarnám]

Es tarde.
Արդեն ուշ է։
[ardén uš é]

Tengo que levantarme temprano.
Ես պետք է վաղ արթնանամ։
[es petk' é vag art'nanám]

Me voy mañana.
Ես վաղը մեկնում եմ։
[es vágə meknúm em]

Nos vamos mañana.
Մենք վաղը մեկնում ենք։
[menk' vágə meknúm enk']

¡Que tenga un buen viaje!
Բարի ճանապարհ։
[barí čanapárh!]

Ha sido un placer.
Հաճելի էր ձեզ հետ ծանոթանալ։
[hačelí ér dzez hét tsanot'anál]

Fue un placer hablar con usted.
Հաճելի էր ձեզ հետ շփվել։
[hačelí ér dzez hét šp'vel]

Gracias por todo.
Շնորհակալություն ամեն ինչի համար։
[šnorhakalut'jún amén inčí hamár]

Lo he pasado muy bien.

Ես հոյակապ անցկացրեցի ժամանակը:
[es hojakáp antsʰkatsʰretsʰi ʒamanákə]

Lo pasamos muy bien.

Մենք հոյակապ անցկացրեցինք
ժամանակը:
[menkʰ hojakáp antsʰkatsʰretsʰínkʰ ʒamanákə]

Fue genial.

Ամեն ինչ հոյակապ էր:
[amén inč hojakáp ér]

Le voy a echar de menos.

Ես կկարոտեմ:
[es kəkarotém]

Le vamos a echar de menos.

Մենք կկարոտենք:
[menkʰ kəkaroténkʰ]

¡Suerte!

Հաջողությո՛ւն: Մնաք բարո՛վ:
[hadʒoǧutʰjún! mnakʰ baróv!]

Saludos a ...

Բարևեք ...ին:
[barevékʰ ...in]

Idioma extranjero

No entiendo.	Ես չեմ հասկանում: [es čem haskanúm]
Escríbalo, por favor.	Խնդրում եմ, գրեք դա: [χndrum em, grek^h da]
¿Habla usted ...?	Դուք գիտե՞ք ...: [duk^h giték^h ...?]

Hablo un poco de ...	Ես գիտեմ մի քիչ ... [es gitém mi k^hič ...]
inglés	անգլերեն [anglerén]
turco	թուրքերեն [t^hurk^herén]
árabe	արաբերեն [araberén]
francés	ֆրանսերեն [franserén]

alemán	գերմաներեն [germanerén]
italiano	իտալերեն [italerén]
español	իսպաներեն [ispanerén]
portugués	պորտուգալերեն [portugalerén]
chino	չիներեն [činerén]
japonés	ճապոներեն [čaponerén]

¿Puede repetirlo, por favor?	Կրկնեք, խնդրեմ: [krknek^h, χndrem]
Lo entiendo.	Ես հասկանում եմ: [es haskanúm em]
No entiendo.	Ես չեմ հասկանում: [es čem haskanúm]
Hable más despacio, por favor.	Խոսեք դանդաղ, խնդրում եմ: [χosék^h dandáġ, χndrúm em]

¿Está bien?	Սա ճի՞շտ է: [sa čišt ē?]
¿Qué es esto? (¿Que significa esto?)	Ի՞նչ է սա: [inč ē sa?]

Disculpas

Perdone, por favor.	Ներեցէք, խնդրեմ: [neretsʰékʰ, χndrem]
Lo siento.	Ցավում եմ: [tsʰavúm em]
Lo siento mucho.	Շատ ափսոս: [šat apʰsós]
Perdón, fue culpa mía.	Իմ մեղավորությունն է: [im meğavorutʰjúnn é]
Culpa mía.	Իմ սխալն է: [im sχaln é]
¿Puedo ...?	Ես կարո՞ղ եմ ...: [es karóğ em ...?]
¿Le molesta si ...?	Դեմ չե՞ք լինի, եթե ես ...: [dem čekʰ lini, etʰé es ...?]
¡No hay problema! (No pasa nada.)	Սարսափելի ոչինչ չկա: [sarsapʰelí vočínč čka]
Todo está bien.	Ամեն ինչ կարգին է: [amén inč kargín é]
No se preocupe.	Մի անհանգստացեք: [mi anhangstatsʰékʰ]

Acuerdos

Sí.	Այո: [ajó]
Sí, claro.	Այո, իհարկե: [ajó, ihárke]
Bien.	Լավ [lav!]
Muy bien.	Շատ լավ: [šat lav]
¡Claro que sí!	Իհա'րկե: [ihárke!]
Estoy de acuerdo.	Ես համաձայն եմ: [es hamadzájn em]

Es verdad.	Ճիշտ է: [čišt ē]
Es correcto.	Ճիշտ է: [čišt ē]
Tiene razón.	Դուք իրավացի եք: [dukʰ iravatsʰí ekʰ]
No me molesta.	Ես չեմ առարկում: [es čem ararkúm]
Es completamente cierto.	Բացարձակ ճիշտ է: [batsʰardzák čišt ē]

Es posible.	Հնարավոր է: [hnaravór ē]
Es una buena idea.	Լավ միտք է: [lav mítkʰ ē]
No puedo decir que no.	Չեմ կարող մերժել: [čem karóg merǯél]
Estaré encantado /encantada/.	Ուրախ կլինեմ: [uráx kliném]
Será un placer.	Հաճույքով: [hačujkʰóv]

Rechazo. Expresar duda

No.
Ոչ:
[voč]

Claro que no.
Իհարկե, ոչ:
[ihárke, voč]

No estoy de acuerdo.
Ես համաձայն չեմ:
[es hamadzájn em]

No lo creo.
Ես այդպես չեմ կարծում:
[es ajdpés čem karǐsúm]

No es verdad.
Սուտ է:
[sut ē]

No tiene razón.
Դուք իրավացի չեք:
[dukʰ iravaǐsʰí čekʰ]

Creo que no tiene razón.
Կարծում եմ՝ իրավացի չեք:
[karǐsúm em, iravaǐsʰí čekʰ]

No estoy seguro /segura/.
Համոզված չեմ:
[hamozváǐs čem]

No es posible.
Անհնար է:
[anhnár ē]

¡Nada de eso!
Ոչ մի նման բան:
[voč mi nman ban!]

Justo lo contrario.
Հակառակը:
[hakárákə]

Estoy en contra de ello.
Ես դեմ եմ:
[es dem em]

No me importa. (Me da igual.)
Ինձ միևնույն է:
[indz mievnújn ē]

No tengo ni idea.
Գաղափար չունեմ:
[gaġapʰár čuném]

Dudo que sea así.
Կասկածում եմ, որ այդպես է:
[kaskaǐsúm ēm, vor ajdpés ē]

Lo siento, no puedo.
Ներեցեք, չեմ կարող:
[nereǐsʰékʰ, čem karóġ]

Lo siento, no quiero.
Ներեցեք, չեմ ուզում:
[nereǐsʰékʰ, čem uzúm]

Gracias, pero no lo necesito.
Շնորհակալություն, ինձ պետք չէ:
[šnorhakalutʰjún, indz petkʰ čē]

Ya es tarde.
Արդեն ուշ է:
[ardén uš ē]

Tengo que levantarme temprano.

Ես պետք է վաղ արթնանամ:
[es petk^h ē vaġ art^{h}nanám]

Me encuentro mal.

Ես ինձ վատ եմ զգում:
[es indz vat em zgum]

Expresar gratitud

Gracias.	Շնորհակալություն: [šnorhakaluthjún]
Muchas gracias.	Շատ շնորհակալ եմ: [šat šnorhakál em]
De verdad lo aprecio.	Շատ շնորհակալ եմ: [šat šnorhakál em]
Se lo agradezco.	Շնորհակալ եմ: [šnorhakál em]
Se lo agradecemos.	Շնորհակալ ենք: [šnorhakál enkʰ]

Gracias por su tiempo.	Շնորհակալություն, որ ժամանեցիք ձեր ժամանակը: [šnorhakaluthjún, vor tsaχsetshíkh dzer ʒamanákə]
Gracias por todo.	Շնորհակալություն ամեն ինչի համար: [šnorhakaluthjún amén inčí hamár]
Gracias por ...	Շնորհակալություն ... համար: [šnorhakaluthjún ... hamár]
su ayuda	ձեր oգնության [dzer ognuthján]
tan agradable momento	լավ ժամանցի [lav ʒamantshi]

una comida estupenda	հոյակապ ուտեստների [hojakáp utestnerí]
una velada tan agradable	հաճելի երեկոյի [hačelí erekojí]
un día maravilloso	հիանալի օրվա [hianalí orvá]
un viaje increíble	հետաքրքիր էքսկուրսիայի [hetakhrkir ékhskursiají]

No hay de qué.	Չարժե: [čarʒé]
De nada.	Չարժե: [čarʒé]
Siempre a su disposición.	Միշտ խնդրեմ: [mišt χndrém]
Encantado /Encantada/ de ayudarle.	Ուրախ էի օգնելու: [uraχ ei ognelú]

55

No hay de qué.

Մոռացեք:
[morats'ék']

No tiene importancia.

Մի անհանգստացեք:
[mi anhangstats'ék']

Felicitaciones , Mejores Deseos

¡Felicidades!	Շնորհավորո'ւմ եմ: [šnorhavorúm em!]
¡Feliz Cumpleaños!	Շնորհավո'ր ծննդյան օրը: [šnorhavór tsnəndzján órə!]
¡Feliz Navidad!	Շնորհավո'ր Սուրբ ծնունդ: [šnorhavór surb tsnund!]
¡Feliz Año Nuevo!	Շնորհավո'ր Ամանոր: [šnorhavór amanór!]

¡Felices Pascuas!	Շնորհավո'ր Զատիկ: [šnorhavór zatík!]
¡Feliz Hanukkah!	Ուրա'խ Հանուկա: [uráχ hánuka!]

Quiero brindar.	Ես կենաց ունեմ: [es kenátsʰ uném]
¡Salud!	Ձեր առողջության կենա'ցը: [dzer aroǵdzutʰján kenátsʰə!]
¡Brindemos por ...!	Խմե'նք ... համար: [χmenkʰ ... hamár!]
¡A nuestro éxito!	Մեր հաջողության կենա'ցը! [mer hadžoǵutʰján kenátsʰə!]
¡A su éxito!	Ձեր հաջողության կենա'ցը: [dzer hadžoǵutʰján kenátsʰə!]

¡Suerte!	Հաջողությո'ւն: [hadžoǵutʰjún!]
¡Que tenga un buen día!	Հաճելի օ'ր եմ ցանկանում: [hačeli or em tsʰankaním!]
¡Que tenga unas buenas vacaciones!	Հաճելի հանգի՛ստ եմ ցանկանում: [hačeli hangíst em tsʰankaním!]
¡Que tenga un buen viaje!	Բարի ճանապա՛րհ: [barí čanapárh!]
¡Espero que se recupere pronto!	Շուտ ապաքինո'ւմ եմ ցանկանում: [šut apakʰiním em tsʰankaním!]

Socializarse

¿Por qué está triste?	Ինչո՞ւ եք տխրել: [inčú ekʰ txreí?]
¡Sonría! ¡Animese!	Ժպտացե՛ք: [ʒptatsʰékʰ!]
¿Está libre esta noche?	Դուք զբաղվա՞ծ եք այսօր երեկոյան: [dukʰ zbaǵváts ekʰ ajsór erekoján?]

¿Puedo ofrecerle algo de beber?	Կարո՞ղ եմ առաջարկել ձեզ որևէ ըմպելիք: [karóǵ ém aradʒarkél dzez vorevé əmpelíkʰ?]
¿Querría bailar conmigo?	Չե՞ք ցանկանա պարել: [čekʰ tsʰankaná parél?]
Vamos a ir al cine.	Գնա՛նք կինոթատրոն: [gnankʰ kinotʰatrón?]

¿Puedo invitarle a …?	Կարո՞ղ եմ հրավիրել ձեզ …: [karóǵ ém hravirél dzez …?]
un restaurante	ռեստորան [restorán]
el cine	կինոթատրոն [kinotʰatrón]
el teatro	թատրոն [tʰatrón]
dar una vuelta	զբոսանքի [zbosankʰí]

¿A qué hora?	Ժամը քանիսի՞ն: [ʒámə kʰanisín?]
esta noche	այսօր երեկոյան [ajsór erekoján]
a las seis	ժամը վեցին [ʒámə vetsʰín]
a las siete	ժամը յոթին [ʒámə jotʰín]
a las ocho	ժամը ութին [ʒámə utʰín]
a las nueve	ժամը իննին [ʒámə innín]

¿Le gusta este lugar?	Ձեզ այստեղ դո՞ւր է գալիս: [dzez ajstéǵ dur é galís?]
¿Está aquí con alguien?	Դուք այստեղ ինչ-որ մեկի հե՞տ եք: [dukʰ ajstéǵ ínč-vor mekí het ekʰ?]

Estoy con mi amigo /amiga/.

Ես ընկերոջս /ընկերուհուս/ հետ եմ:
[es ənkeródʒs /ənkeruhús/ het em]

Estoy con amigos.

Ես ընկերներիս հետ եմ:
[es ənkernerís het em]

No, estoy solo /sola/.

Ես մենակ եմ:
[es menák em]

¿Tienes novio?

Դու ընկեր ունե՞ս:
[du ənkér unés?]

Tengo novio.

Ես ընկեր ունեմ:
[es ənkér uném]

¿Tienes novia?

Դու ընկերուհի ունե՞ս:
[du ənkeruhí unés?]

Tengo novia.

Ես ընկերուհի ունեմ:
[es ənkeruhí uném]

¿Te puedo volver a ver?

Մենք դեռ կհանդիպե՞նք:
[menkʰ der khandipénkʰ?]

¿Te puedo llamar?

Կարո՞ղ եմ քեզ զանգահարել:
[karóg em kʰez zangaharél?]

Llámame.

Կզանգես:
[kzangés]

¿Cuál es tu número?

Ո՞նց է համարդ:
[vontsʰ ē hamárt?]

Te echo de menos.

Ես կարոտում եմ քեզ:
[es karotúm em kʰez]

¡Qué nombre tan bonito!

Դուք շատ գեղեցիկ անուն ունեք:
[dukʰ šat gegetsʰík anún unékʰ]

Te quiero.

Ես սիրում եմ քեզ:
[es sirúm em kʰez]

¿Te casarías conmigo?

Արի՛ ամուսնանանք:
[arí amusnanánkʰ]

¡Está de broma!

Դուք կատակում եք:
[dukʰ katakúm ekʰ]

Sólo estoy bromeando.

Ես ուղղակի կատակում եմ:
[es uggakí katakúm em]

¿En serio?

Դուք լո՞ւրջ եք ասում:
[dukʰ lúrdʒ ekʰ asúm?]

Lo digo en serio.

Ես լուրջ եմ ասում:
[es lúrdʒ em asúm]

¿De verdad?

Իրո՞ք:
[irókʰ?!]

¡Es increíble!

Դա անհավանական է!
[da anhavanakán ē!]

No le creo.

Ես ձեզ չեմ հավատում:
[es dzez čem havatúm]

No puedo.

Ես չեմ կարող:
[es čem karóg]

No lo sé.

Ես չգիտեմ:
[es čgitém]

No le entiendo.

Ես ձեզ չեմ հասկանում:
[es dzez čem haskanúm]

Váyase, por favor.

Հեռացեք, խնդրում եմ:
[hératsʰekʰ, xndrum em]

¡Déjeme en paz!

Ինձ հանգիՃ ստ թողեք:
[indz hangist tʰogékʰ]

Es inaguantable.

Ես նրան տանել չեմ կարողանում:
[es nran tanél čem karoganúm]

¡Es un asqueroso!

Դուք զզվելի' եք:
[dukʰ zəzvelí ekʰ]

¡Llamaré a la policía!

Ես ոստիկանությո'ւն կկանչեմ:
[es vostikanutʰjún kəkančém!]

Compartir impresiones. Emociones

Me gusta.	Ինձ դա դուր է գալիս: [indz da dur ē galís]
Muy lindo.	Հաճելի է: [hačelí ē]
¡Es genial!	Հրաշալի՛ է! [hrašalí ē!]
No está mal.	Վատ չէ: [vat čē]
No me gusta.	Սա ինձ դուր է գալիս: [sa indz dur ē galís]
No está bien.	Դա լավ չէ: [da lav čē]
Está mal.	Դա վատ է: [da vat ē]
Está muy mal.	Դա շատ վատ է: [da šat vat ē]
¡Qué asco!	Զզվելի է: [zəzvelí ē]
Estoy feliz.	Ես երջանիկ եմ: [es erdžaník em]
Estoy contento /contenta/.	Ես գոհ եմ: [es goh em]
Estoy enamorado /enamorada/.	Ես սիրահարվել եմ: [es siraharvél em]
Estoy tranquilo.	Ես հանգիստ եմ: [es hangíst em]
Estoy aburrido.	Ես ձանձրանում եմ: [es dzandzranúm em]
Estoy cansado /cansada/.	Ես հոգնել եմ: [es hognél em]
Estoy triste.	Ես տխուր եմ: [es txur em]
Estoy asustado.	Ես վախեցած եմ: [es vaχetsáts em]
Estoy enfadado /enfadada/.	Ես զայրանում եմ: [es zajranúm em]
Estoy preocupado /preocupada/.	Ես անհանգստանում եմ: [es anhangstanúm em]
Estoy nervioso /nerviosa/.	Ես ջղայնանում եմ: [es džġajnanúm em]

Estoy celoso /celosa/.

Ես նախանձում եմ։
[es naχandzúm em]

Estoy sorprendido /sorprendida/.

Ես զարմացած եմ։
[es zarmatsʰáts em]

Estoy perplejo /perpleja/.

Ես շփոթված եմ։
[es špʰotʰváts em]

Problemas, Accidentes

Tengo un problema.	Ես խնդիր ունեմ։ [es χndir uném]
Tenemos un problema.	Մենք խնդիրներ ունենք։ [menkʰ χndírner unénkʰ]
Estoy perdido /perdida/.	Ես մոլորվել եմ։ [es molorvél em]
Perdi el último autobús (tren).	Ես ուշացել եմ վերջին ավտոբուսից (գնացքից)։ [es ušatsʰél em avtobusítsʰ (gnatsʰkʰítsʰ)]
No me queda más dinero.	Ինձ մոտ դրամ ընդհանրապես չի մնացել։ [indz mot drám əndhanrapés čí mnatsʰél]

He perdido ...	Ես կորցրել եմ ... [es kortsʰrél em ...]
Me han robado ...	Ինձ մոտից գողացել են ... [indz mot gogatsʰél en ...]
mi pasaporte	անձնագիրը [andznagírə]
mi cartera	դրամապանակը [dramapanákə]
mis papeles	փաստաթղթերը [pʰastatʰgtʰérə]
mi billete	տոմսը [tómsə]
mi dinero	փողը [pʰógə]
mi bolso	պայուսակը [pajusákə]
mi cámara	ֆոտոապարատը [fotoaparátə]
mi portátil	նոութբուքը [noutʰbúkʰə]
mi tableta	պլանշետը [planšétə]
mi teléfono	հեռախոսը [heraχósə]

¡Ayúdeme!	Oգնեցե՛ք։ [ognetsʰékʰ!]
¿Qué pasó?	Ի՞նչ է պատահել։ [inč é patahél?]

el incendio	**հրդեհ** [hrdeh]
un tiroteo	**կրակոց** [krakótsʰ]
el asesinato	**սպանություն** [spanutʰjún]
una explosión	**պայթյուն** [pajtʰjún]
una pelea	**կռիվ** [kriv]

¡Llame a la policía!	**Ոստիկանություն'ն կանչեք:** [vostíkanutʰjún kančékʰ!]
¡Más rápido, por favor!	**Արագացրե'ք, խնդրում եմ!** [aragátsʰrékʰ χndrum em!]
Busco la comisaría.	**Ես փնտրում եմ ոստիկանության բաժին** [es pʰntrum em vostikanutʰján baʒín]
Tengo que hacer una llamada.	**Ինձ պետք է զանգահարել:** [indz petkʰ ē zangaharél]
¿Puedo usar su teléfono?	**Կարո՞ղ եմ զանգահարել:** [karóg em zángaharél?]

Me han ...	**Ինձ ...** [indz ...]
asaltado /asaltada/	**կողոպտել են** [kogoptél en]
robado /robada/	**թալանել են** [tʰalanél en]
violada	**բռնաբարել են** [brnabarél en]
atacado /atacada/	**ծեծել են** [tsetsél en]

¿Se encuentra bien?	**Ձեզ հետ ամեն ինչ կարգի՞ն է:** [dzéz hēt amén ínč kargín ē?]
¿Ha visto quien a sido?	**Դուք տեսե՞լ եք, ով էր նա:** [dukʰ tesél ékʰ ov ēr na?]
¿Sería capaz de reconocer a la persona?	**Կարո՞ղ եք նրան ճանաչել:** [karóg ékʰ nran čanačél?]
¿Está usted seguro?	**Համոզվա՞ծ եք:** [hamozváts ékʰ?]

Por favor, cálmese.	**Խնդրում եմ, հանգստացեք:** [χndrum em, hangstatsʰékʰ]
¡Cálmese!	**Հանգի'ստ:** [hangíst!]
¡No se preocupe!	**Մի անհանգստացեք:** [mi anhangstatsʰékʰ]
Todo irá bien.	**Ամեն ինչ լավ կլինի:** [amén ínč lav klini]
Todo está bien.	**Ամեն ինչ կարգին է:** [amén ínč kargín ē]

Venga aquí, por favor.

Մոտեցե՛ք, խնդրեմ:
[motetsʰékʰ, χndrem]

Tengo unas preguntas para usted.

Ես ձեզ մի քանի հարց ունեմ տալու:
[es dzez mi kʰaní hartsʰ uném talú]

Espere un momento, por favor.

Սպասե՛ք, խնդրեմ:
[spasékʰ, χndrem]

¿Tiene un documento de identidad?

Դուք փաստաթղթեր ունե՞ք:
[dukʰ pʰastatʰgtʰér unékʰ?]

Gracias. Puede irse ahora.

Շնորհակալություն:
Դուք կարող եք գնալ:
[šnorhakalutʰjún.
dukʰ karóġ ekʰ gnal]

¡Manos detrás de la cabeza!

Ձերքերը գլխի հետև՛:
[dzerkʰérə glχi hetév]

¡Está arrestado!

Դուք ձերբակալվա՛ծ եք:
[dukʰ dzerbakalváts ekʰ]

Problemas de salud

Ayudeme, por favor.	Օգնեցեք, խնդրում եմ: [ognets'ék', χndrum em]
No me encuentro bien.	Ես ինձ վատ եմ զգում: [es indz vat em zgum]
Mi marido no se encuentra bien.	Իմ ամուսինն իրեն վատ է զգում: [im amusínn irén vat ē zgum]
Mi hijo ...	Իմ որդին ... [im vordín ...]
Mi padre ...	Իմ հայրն ... [im hajrn ...]

Mi mujer no se encuentra bien.	Իմ կինն իրեն վատ է զգում: [im kinn irén vat ē zgum]
Mi hija ...	Իմ դուստրն ... [im dustrn ...]
Mi madre ...	Իմ մայրն ... [im majrn ...]

Me duele ...	Իմ ... ցավում է: [im ... ts'avúm ē]
la cabeza	գլուխը [glúχə]
la garganta	կոկորդը [kokórdə]
el estómago	փորը [p'órə]
un diente	ատամը [atámə]

Estoy mareado.	Գլուխս պտտվում է: [gluχs ptətvúm ē]
Él tiene fiebre.	Նա ջերմություն ունի: [na dʒermut'jún uní]
Ella tiene fiebre.	Նա ջերմություն ունի: [na dʒermut'jún uní]
No puedo respirar.	Ես չեմ կարողանում շնչել: [es čem karoğanúm šnčel]

Me ahogo.	Խեղդվում եմ: [χeğdvúm em]
Tengo asma.	Ես աստմահար եմ: [es ast'mahár em]
Tengo diabetes.	Ես շաքարախտ ունեմ: [es šak'aráχt uném]

No puedo dormir.

Ես անքնությունն ունեմ:
[es ankʰnutʰjún uném]

intoxicación alimentaria

սննդային թունավորում
[snəndajín tʰunavorúm]

Me duele aquí.

Այստեղ է ցավում:
[ajstég e tsʰavúm]

¡Ayúdeme!

Օգնեցե՛ք:
[ognetsʰékʰ!]

¡Estoy aquí!

Ես այստեղ եմ:
[es ajstég em!]

¡Estamos aquí!

Մենք այստեղ ենք:
[menkʰ ajstég enkʰ!]

¡Saquenme de aquí!

Հանե՛ք ինձ:
[hanékʰ indz]

Necesito un médico.

Ինձ բժիշկ է պետք:
[indz bʒišk e petkʰ]

No me puedo mover.

Ես չեմ կարողանում շարժվել:
[es čem karogánúm šarʒvél]

No puedo mover mis piernas.

Ես չեմ զգում ոտքերս:
[es čem zgum votkʰérs]

Tengo una herida.

Ես վիրավոր եմ:
[es viravór em]

¿Es grave?

Լո՞ւրջ:
[lurʤ?]

Mis documentos están en mi bolsillo.

Իմ փաստաթղթերը գրպանումս են:
[im pʰastatʰgtʰərə grpanúms en]

¡Cálmese!

Հանգստացե՛ք:
[hangstatsʰékʰ]

¿Puedo usar su teléfono?

Կարո՞ղ եմ զանգահարել:
[karóg em zangaharél?]

¡Llame a una ambulancia!

Շտապ օգնություն կանչեք:
[štap ognutʰjún kančékʰ]

¡Es urgente!

Սա շտապ է!
[sa štap e!]

¡Es una emergencia!

Սա շատ շտապ է!
[sa šat štap e!]

¡Más rápido, por favor!

Արագացրեք, խնդրում եմ:
[aragatsʰrékʰ, xndrum em!]

¿Puede llamar a un médico, por favor?

Բժիշկ կանչեք, խնդրում եմ:
[bʒišk kančékʰ, xndrum em]

¿Dónde está el hospital?

Ասացեք, որտե՞ղ է հիվանդանոցը:
[asatsʰékʰ, vortég e hivandanótsʰə?]

¿Cómo se siente?

Ինչպե՞ս եք ձեզ զգում:
[inčpès ekʰ dzez zgum?]

¿Se encuentra bien?

Ձեզ հետ ամեն ինչ կարգի՞ն է:
[dzez hēt amén inč kargín ē?]

¿Qué pasó?

Ի՞նչ է պատահել:
[inč ē patahél?]

Me encuentro mejor.

Ես արդեն ինձ լավ եմ զգում։
[es ardén indz lav em zgum]

Está bien.

Ամեն ինչ կարգին է։
[amén inč kargín ē]

Todo está bien.

Ամեն ինչ լավ է։
[amén inč lav ē]

En la farmacia

la farmacia	դեղատուն [deġatún]
la farmacia 24 horas	շուրջօրյա դեղատուն [šurdӡorjá deġatún]
¿Dónde está la farmacia más cercana?	Որտե՞ղ է մոտակա դեղատունը: [vortéġ ē motaká deġatúnə?]

¿Está abierta ahora?	Այն հիմա բա°ց է: [ajn híma batsʰ ē?]
¿A qué hora abre?	Ժամը քանիսի՞ն է այն բացվում: [ʒámə kʰanisín ē ajn batsʰvúm?]
¿A qué hora cierra?	Մինչև ո՞ր ժամն է այն աշխատում: [minčév vor ʒamn ē ajn ašχatúm?]

¿Está lejos?	Դա հեռո՞ւ է: [da hērú ē?]
¿Puedo llegar a pie?	Ես կհասնե՞մ այնտեղ ոտքով: [es khasném ajntéġ votkʰóv?]
¿Puede mostrarme en el mapa?	Ցույց տվեք ինձ քարտեզի վրա, խնդրում եմ: [tsʰujtsʰ tvekʰ indz kartezí vra, χndrum em]

Por favor, deme algo para ...	Տվեք ինձ ինչ-որ բան ... համար: [tvekʰ indz ínč-vor ban ... hamár]
un dolor de cabeza	գլխացավի [glχatsʰaví]
la tos	հազի [hazí]
el resfriado	մրսածության [mrsatsutʰján]
la gripe	հարբուխի [harbuχí]

la fiebre	ջերմության [dӡermútʰján]
un dolor de estomago	փորացավի [pʰoratsʰaví]
nauseas	սրտխառնոցի [srtχarnotsʰí]
la diarrea	լուծի [lutsí]
el estreñimiento	փորկապության [pʰorkapútʰján]

un dolor de espalda	մեջքի ցավ [medʒkʰí tsʰav]
un dolor de pecho	կրծքի ցավ [krtskʰí tsʰav]
el flato	կողացավ [koğatsʰáv]
un dolor abdominal	փորացավ [pʰoratsʰáv]

la píldora	հաբ [hab]
la crema	քսուք, կրեմ [kʰsukʰ, krem]
el jarabe	օշարակ [ošarák]
el spray	սփրեյ [spʰrej]
las gotas	կաթիլներ [katʰilnér]

Tiene que ir al hospital.	Դուք պետք է հիվանդանոց գնաք: [dukʰ petkʰ ē hivandanótsʰ gnakʰ]
el seguro de salud	ապահովագրություն [apahovagrutʰjún]
la receta	դեղատոմս [değatóms]
el repelente de insectos	միջատների դեմ միջոց [midʒatnerí dem midʒótsʰ]
la curita	լեյկոսպեղանի [lejkospeğaní]

Lo más imprescindible

Perdone, ...	Ներեցեք, ... [nerets'ék', ...]
Hola.	Բարև Ձեզ: [barév dzez]
Gracias.	Շնորհակալություն: [šnorhakaluťjún]

Sí.	Այո: [ajó]
No.	Ոչ: [voč]
No lo sé.	Ես չգիտեմ: [es čgitém]
¿Dónde? | ¿A dónde? | ¿Cuándo?	Ո՞րտեղ: | Ո՞ւր: | Ե՞րբ: [vórteǵ? | ur? | erb?]

Necesito ...	Ինձ հարկավոր է ... [indz harkavór e ...]
Quiero ...	Ես ուզում եմ ... [es uzúm em ...]
¿Tiene ...?	Դուք ունե՞ք ...: [duk' unék' ...?]
¿Hay ... por aquí?	Այստեղ կա՞ ...: [ajstéǵ ka ...?]
¿Puedo ...?	Ես կարո՞ղ եմ ...: [es karóǵ em ...?]
..., por favor? (petición educada)	Խնդրում եմ [xndrum em]

Busco ...	Ես փնտրում եմ ... [es p'ntrum em ...]
el servicio	զուգարան [zugarán]
un cajero automático	բանկոմատ [bankomát]
una farmacia	դեղատուն [deǵatún]
el hospital	հիվանդանոց [hivandanóts']

la comisaría	ոստիկանության բաժանմունք [vostikanuťján bažanmúnk']
el metro	մետրո [metró]

71

un taxi	տաքսի [tak^{h}sí]
la estación de tren	կայարան [kajarán]

Me llamo …	Իմ անունը … է: [im anúnə … ē]
¿Cómo se llama?	Ձեր անունն ի՞նչ է: [dzer anúnn inč ē?]
¿Puede ayudarme, por favor?	Օգնեցե՛ք ինձ, խնդրեմ: [ognets^{h}ék^h indz, χndrem]
Tengo un problema.	Ես խնդիր ունեմ: [es χndir uném]
Me encuentro mal.	Ես ինձ վատ եմ զգում: [es indz vat em zgum]
¡Llame a una ambulancia!	Շտապ օգնություն կանչե՛ք: [štap ognut^{h}jún kančék^h]
¿Puedo llamar, por favor?	Կարո՞ղ եմ զանգահարել: [karóġ em zángaharél?]

Lo siento.	Ներեցե՛ք [nerets^{h}ék^h]
De nada.	Խնդրեմ [χndrem]

Yo	Ես [es]
tú	դու [du]
él	նա [na]
ella	նա [na]
ellos	նրանք [nrank^h]
ellas	նրանք [nrank^h]
nosotros /nosotras/	մենք [menk^h]
ustedes, vosotros	դուք [duk^h]
usted	Դուք [nrank^h]

ENTRADA	ՄՈՒՏՔ [mutk^h]
SALIDA	ԵԼՔ [elk^h]
FUERA DE SERVICIO	ՉԻ ԱՇԽԱՏՈՒՄ [či ašχatúm]
CERRADO	ՓԱԿ Է [p^{h}ak ē]

ABIERTO

ԲԱՑ Է
[batsʰ ē]

PARA SEÑORAS

ԿԱՆԱՑ ՀԱՄԱՐ
[kanántsʰ hamár]

PARA CABALLEROS

ՏՂԱՄԱՐԴԿԱՑ ՀԱՄԱՐ
[tġamardkántsʰ hamár]

VOCABULARIO TEMÁTICO

Esta sección contiene más
de 3.000 de las palabras más
importantes. El diccionario
le proporcionará una ayuda
inestimable mientras viaja al
extranjero, porque las palabras
individuales son a menudo
suficientes para que
le entiendan.
El diccionario incluye una
transcripción adecuada
de cada palabra extranjera

T&P Books Publishing

CONTENIDO
DEL DICCIONARIO

T&P Books Publishing

CONCEPTOS BÁSICOS

T&P Books Publishing

1. Los pronombres

yo	Ես	[es]
tú	դու	[du]
él, ella, ello	նա	[na]
nosotros, -as	մենք	[menkʰ]
vosotros, -as	դուք	[dukʰ]
ellos, ellas	նրանք	[nrankʰ]

2. Saludos. Salutaciones

¡Hola! (fam.)	Բարի	[barév]
¡Hola! (form.)	Բարի ձեզ	[barév dzéz!]
¡Buenos días!	Բարի լույս	[barí lújs!]
¡Buenas tardes!	Բարի օր	[barí ór!]
¡Buenas noches!	Բարի երեկո	[barí jerekó!]
decir hola	բարևել	[barevél]
¡Hola! (a un amigo)	Ողջույն	[voǵdӠújn!]
saludo (m)	ողջույն	[voǵdӠújn]
saludar (vt)	ողջունել	[voǵdӠunél]
¿Cómo estás?	Ո՞նց ես գործերդ	[vontsʰ en gortsérd?]
¿Qué hay de nuevo?	Ի՞նչ նորություն	[inč norutʰjún?]
¡Chau! ¡Adiós!	Ցտեսություն	[tsʰtesutʰjún!]
¡Hasta pronto!	Մինչ նոր հանդիպում	[mínč nór handipúm!]
¡Adiós! (fam.)	Մնաս բարով	[mnas baróv!]
¡Adiós! (form.)	Մնաք բարով	[mnakʰ baróv!]
despedirse (vr)	հրաժեշտ տալ	[hraӠéšt tál]
¡Hasta luego!	Առայժմ	[arájӠm!]
¡Gracias!	Շնորհակալություն	[šnorhakalutʰjún!]
¡Muchas gracias!	Շատ շնորհակալ լ եմ	[šat šnorhakál em!]
De nada	Խնդրեմ	[χndrem]
No hay de qué	Հոգ չէ	[hog čē]
De nada	չարժե	[čarӠé]
¡Disculpa!	Ներողություն	[neroǵutʰjún!]
¡Disculpe!	Ներեցեք	[neretsʰékʰ!]
disculpar (vt)	ներել	[nerél]
disculparse (vr)	ներողություն խնդրել	[neroǵutʰjún χndrél]
Mis disculpas	Ներեցեք	[neretsʰékʰ]

¡Perdóneme!	Ներեցե՛ք	[neretsʰékʰ!]
perdonar (vt)	ներել	[nerél]
por favor	խնդրում եմ	[xndrúm em]

¡No se le olvide!	Չմոռանա՛ք	[čmoranákʰ!]
¡Ciertamente!	Իհա՛րկե	[ihárke!]
¡Claro que no!	Իհարկե ո՛չ	[ihárke voč!]
¡De acuerdo!	Համաձայն եմ	[hamadzájn em!]
¡Basta!	Բավական է	[bavakán ē!]

3. Las preguntas

¿Quién?	Ո՞վ	[ov?]
¿Qué?	Ի՞նչ	[inč?]
¿Dónde?	Որտե՞ղ	[vortéģ?]
¿Adónde?	Ո՞ւր	[ur?]
¿De dónde?	Որտեղի՞ց	[vorteģítsʰ?]
¿Cuándo?	Երբ	[erb?]
¿Para qué?	Ինչու՞	[inčú?]
¿Por qué?	Ինչու՞	[inčú?]

¿Por qué razón?	Ի՞նչ համար	[inčí hamár?]
¿Cómo?	Ինչպե՞ս	[inčpés?]
¿Qué ...? (~ color)	Ինչպիսի՞	[inčpisí?]
¿Cuál?	Ո՞րը	[voré?]

¿A quién?	Ո՞ւմ	[um?]
¿De quién? (~ hablan ...)	Ո՞ւմ մասին	[úm masín?]
¿De qué?	Ինչի՞ մասին	[inčí masín?]
¿Con quién?	Ո՞ւմ հետ	[úm het?]

| ¿Cuánto? | քանի՞ | [kʰaní?] |
| ¿De quién? (~ es este ...) | Ո՞ւմ | [um?] |

4. Las preposiciones

con ... (~ algn)	... հետ	[... het]
sin ... (~ azúcar)	առանց	[aránตsʰ]
a ... (p.ej. voy a México)	մեջ	[medʒ]
de ... (hablar ~)	մասին	[masín]
antes de ...	առաջ	[arádʒ]
delante de ...	առաջ	[arádʒ]

debajo	տակ	[tak]
sobre ..., encima de ...	վերևում	[verevúm]
en, sobre (~ la mesa)	վրա	[vra]
de (origen)	... ից	[... itsʰ]
de (fabricado de)	... ից	[... itsʰ]

dentro de ...   ... անց   [... antsʰ]
encima de ...   միջով   [midʒóv]

5. Las palabras útiles. Los adverbios. Unidad 1

¿Dónde?	Որտե՞ղ	[vortég?]
aquí (adv)	այստեղ	[ajstég]
allí (adv)	այնտեղ	[ajntég]

en alguna parte	որևէ տեղ	[vorevē teǵ]
en ninguna parte	ոչ մի տեղ	[voč mi teǵ]

junto a ...	... մոտ	[... mot]
junto a la ventana	պատուհանի մոտ	[patuhaní mót]

¿A dónde?	Ո՞ւր	[ur?]
aquí (venga ~)	այստեղ	[ajstég]
allí (vendré ~)	այնտեղ	[ajntég]
de aquí (adv)	այստեղից	[ajstegítsʰ]
de allí (adv)	այնտեղից	[ajntegítsʰ]

cerca (no lejos)	մոտ	[mot]
lejos (adv)	հեռու	[herú]

cerca de ...	մոտ	[mot]
al lado (de ...)	մոտակայքում	[motakajkʰúm]
no lejos (adv)	մոտիկ	[motík]

izquierdo (adj)	ձախ	[dzaχ]
a la izquierda (situado ~)	ձախ կողմից	[dzaχ koǵmítsʰ]
a la izquierda (girar ~)	դեպի ձախ	[depí dzaχ]

derecho (adj)	աջ	[adʒ]
a la derecha (situado ~)	աջ կողմից	[adʒ koǵmítsʰ]
a la derecha (girar)	դեպի աջ	[depí adʒ]

delante (yo voy ~)	առջևից	[ardʒevítsʰ]
delantero (adj)	առջևի	[ardʒeví]
adelante (movimiento)	առաջ	[arádʒ]

detrás de ...	հետևում	[hetevúm]
desde atrás	հետևից	[hetevítsʰ]
atrás (da un paso ~)	հետ	[het]
centro (m), medio (m)	միջտեղ	[medʒtéǵ]
en medio (adv)	միջտեղում	[medʒteǵúm]

de lado (adv)	կողքից	[koǵkʰítsʰ]
en todas partes	ամենուր	[amenúr]
alrededor (adv)	շուրջը	[šúrdʒə]
de dentro (adv)	միջից	[midʒítsʰ]

a alguna parte	որևէ տեղ	[voreve teġ]
todo derecho (adv)	ուղիղ	[uġíġ]
atrás (muévelo para ~)	ետ	[et]

| de alguna parte (adv) | որևէ տեղից | [voreve teġítsʰ] |
| no se sabe de dónde | ինչ-որ տեղից | [inč vor teġítsʰ] |

primero (adv)	առաջինը	[aradʒínə]
segundo (adv)	երկրորդը	[erkrórdə]
tercero (adv)	երրորդը	[errórdə]

de súbito (adv)	հանկարծակի	[hankartsáki]
al principio (adv)	սկզբում	[skzbum]
por primera vez	առաջին անգամ	[aradʒín angám]
mucho tiempo antes ...	... շատ առաջ	[... šat arádʒ]
de nuevo (adv)	կրկին	[krkin]
para siempre (adv)	ընդմիշտ	[əndmíšt]

jamás, nunca (adv)	երբեք	[erbékʰ]
de nuevo (adv)	նորից	[norítsʰ]
ahora (adv)	այժմ	[ajʒm]
frecuentemente (adv)	հաճախ	[hačáχ]
entonces (adv)	այն ժամանակ	[ajn ʒamanák]
urgentemente (adv)	շտապ	[štap]
usualmente (adv)	սովորաբար	[sovorabár]

a propósito, ...	ի դեպ, ...	[i dep ...]
es probable	հնարավոր է	[hnaravór ē]
probablemente (adv)	հավանաբար	[havanabár]
tal vez	միգուցե	[migutsʰé]
además ...	բացի այդ, ...	[batsʰí ájd ...]
por eso ...	այդ պատճառով	[ajd patčaróv]
a pesar de ...	չնայած ...	[čnajáts ...]
gracias a ...	շնորհիվ ...	[šnorhív ...]

qué (pron)	ինչ	[inč]
que (conj)	որ	[vor]
algo (~ le ha pasado)	ինչ-որ բան	[inč vor bán]
algo (~ así)	որևէ բան	[vórevē ban]
nada (f)	ոչ մի բան	[voč mi ban]

quien	ով	[ov]
alguien (viene ~)	ինչ-որ մեկը	[inč vor mékə]
alguien (¿ha llamado ~?)	որևէ մեկը	[vórevē mékə]

nadie	ոչ մեկ	[voč mek]
a ninguna parte	ոչ մի տեղ	[voč mi teġ]
de nadie	ոչ մեկինը	[voč mekínə]
de alguien	որևէ մեկինը	[vórevē mekínə]
tan, tanto (adv)	այնպես	[ajnpés]
también (~ habla francés)	նմանապես	[nmanapés]
también (p.ej. Yo ~)	նույնպես	[nújnpes]

6. Las palabras útiles. Los adverbios. Unidad 2

¿Por qué?	Ինչո՞ւ	[inčú?]
no se sabe porqué	չգիտես ինչու	[čgités inčú]
porque ...	որովհետև, ...	[vorovhetév ...]
por cualquier razón (adv)	ինչ-որ նպատակով	[inč vor npatakóv]

y (p.ej. uno y medio)	և	[ev]
o (p.ej. té o café)	կամ	[kam]
pero (p.ej. me gusta, ~)	բայց	[bajtsʰ]
para (p.ej. es para ti)	համար	[hamár]

demasiado (adv)	չափազանց	[čapʰazántsʰ]
sólo, solamente (adv)	միայն	[miájn]
exactamente (adv)	ճիշտ	[čišt]
unos ..., cerca de ... (~ 10 kg)	մոտ	[mot]

aproximadamente	մոտավորապես	[motavorapés]
aproximado (adj)	մոտավոր	[motavór]
casi (adv)	գրեթե	[grétʰe]
resto (m)	մնացածը	[mnatsʰátsə]

cada (adj)	յուրաքանչյուր	[jurakʰančjúr]
cualquier (adj)	ցանկացած	[tsankatsʰáts]
mucho (adv)	շատ	[šat]
muchos (mucha gente)	շատերը	[šatérə]
todos	բոլորը	[bolórə]

a cambio de ...	ի փոխարեն ...	[i pʰoχarén ...]
en cambio (adv)	փոխարեն	[pʰoχarén]
a mano (hecho ~)	ձեռքով	[dzerkʰóv]
poco probable	հազիվ թե	[hazív tʰe]

probablemente	երևի	[ereví]
a propósito (adv)	դիտմամբ	[ditmámb]
por accidente (adv)	պատահաբար	[patahabár]

muy (adv)	շատ	[šat]
por ejemplo (adv)	օրինակ	[orinák]
entre (~ nosotros)	միջև	[midʒév]
entre (~ otras cosas)	միջավայրում	[midʒavajrúm]
tanto (~ gente)	այնքան	[ajnkʰán]
especialmente (adv)	հատկապես	[hatkapés]

NÚMEROS. MISCELÁNEA

T&P Books Publishing

cero	զրո	[zro]
uno	մեկ	[mek]
dos	երկու	[erkú]
tres	երեք	[erékʰ]
cuatro	չորս	[čors]

cinco	հինգ	[hing]
seis	վեց	[vetsʰ]
siete	յոթ	[jotʰ]
ocho	ութ	[utʰ]
nueve	ինը	[ínə]

diez	տաս	[tas]
once	տասնմեկ	[tasnmék]
doce	տասներկու	[tasnerkú]
trece	տասներեք	[tasnerékʰ]
catorce	տասնչորս	[tasnčórs]

quince	տասնհինգ	[tasnhíng]
dieciséis	տասնվեց	[tasnvétsʰ]
diecisiete	տասնյոթ	[tasnjótʰ]
dieciocho	տասնութ	[tasnútʰ]
diecinueve	տասնինը	[tasnínə]

veinte	քսան	[kʰsan]
veintiuno	քսանմեկ	[kʰsanmék]
veintidós	քսաներկու	[kʰsanerkú]
veintitrés	քսաներեք	[ksanerékʰ]

treinta	երեսուն	[eresún]
treinta y uno	երեսունմեկ	[eresunmék]
treinta y dos	երեսուներկու	[eresunerkú]
treinta y tres	երեսուներեք	[eresunerékʰ]

cuarenta	քառասուն	[kʰarasún]
cuarenta y uno	քառասունմեկ	[kʰarasunmék]
cuarenta y dos	քառասուներկու	[kʰarasunerkú]
cuarenta y tres	քառասուներեք	[karasunerékʰ]

cincuenta	հիսուն	[hisún]
cincuenta y uno	հիսունմեկ	[hisunmék]
cincuenta y dos	հիսուներկու	[hisunerkú]
cincuenta y tres	հիսուներեք	[hisunerékʰ]
sesenta	վաթսուն	[vatʰsún]

sesenta y uno	վաթսունմեկ	[vatʰsunmék]
sesenta y dos	վաթսուներկու	[vatʰsunerkú]
sesenta y tres	վաթսուներեք	[vatʰsunerékʰ]

setenta	յոթանասուն	[jotʰanasún]
setenta y uno	յոթանասունմեկ	[jotʰanasunmék]
setenta y dos	յոթանասուներկու	[jotʰanasunerkú]
setenta y tres	յոթանասուներեք	[jotʰanasunerékʰ]

ochenta	ութսուն	[utʰsún]
ochenta y uno	ութսունմեկ	[utʰsunmék]
ochenta y dos	ութսուներկու	[utʰsunerkú]
ochenta y tres	ութսուներեք	[utʰsunerékʰ]

noventa	իննսուն	[innsún]
noventa y uno	իննսունմեկ	[innsunmék]
noventa y dos	իննսուներկու	[innsunerkú]
noventa y tres	իննսուներեք	[innsunerékʰ]

8. Números cardinales. Unidad 2

cien	հարյուր	[harjúr]
doscientos	երկու հարյուր	[erkú harjúr]
trescientos	երեք հարյուր	[erékʰ harjúr]
cuatrocientos	չորս հարյուր	[čórs harjúr]
quinientos	հինգ հարյուր	[hing harjúr]

seiscientos	վեց հարյուր	[vetsʰ harjúr]
setecientos	յոթ հարյուր	[jotʰ harjúr]
ochocientos	ութ հարյուր	[utʰ harjúr]
novecientos	ինը հարյուր	[ínə harjúr]

mil	հազար	[hazár]
dos mil	երկու հազար	[erkú hazár]
tres mil	երեք հազար	[erékʰ hazár]
diez mil	տաս հազար	[tas hazár]
cien mil	հարյուր հազար	[harjúr hazár]
millón (m)	միլիոն	[milión]
mil millones	միլիարդ	[miliárd]

9. Números ordinales

primero (adj)	առաջին	[aradʒín]
segundo (adj)	երկրորդ	[erkrórd]
tercero (adj)	երրորդ	[errórd]
cuarto (adj)	չորրորդ	[čorrórd]
quinto (adj)	հինգերորդ	[híngerord]
sexto (adj)	վեցերորդ	[vétsʰerord]

séptimo (adj)	յոթերորդ	[jótʰerord]
octavo (adj)	ութերորդ	[útʰerord]
noveno (adj)	իններորդ	[ínnerord]
décimo (adj)	տասներորդ	[tásnerord]

T&P BOOKS

LOS COLORES.
LAS UNIDADES DE MEDIDA

T&P Books Publishing

10. Los colores

color (m)	գույն	[gujn]
matiz (m)	երանգ	[eráng]
tono (m)	գունե րանգ	[guneráng]
arco (m) iris	ծիածան	[tsiatsán]

blanco (adj)	սպիտակ	[spiták]
negro (adj)	սև	[sev]
gris (adj)	մոխրագույն	[moχragújn]

verde (adj)	կանաչ	[kanáč]
amarillo (adj)	դեղին	[deɣín]
rojo (adj)	կարմիր	[karmír]
azul (adj)	կապույտ	[kapújt]
azul claro (adj)	երկնագույն	[erknagújn]
rosa (adj)	վարդագույն	[vardagújn]
naranja (adj)	նարնջագույն	[narnʤagújn]
violeta (adj)	մանուշակագույն	[manušakagújn]
marrón (adj)	շագանակագույն	[šaganakagújn]

dorado (adj)	ոսկե	[voské]
argentado (adj)	արծաթագույն	[artsatʰagújn]
beige (adj)	բեժ	[beʒ]
crema (adj)	կրեմագույն	[kremagújn]
turquesa (adj)	փիրուզագույն	[pʰiruzagújn]
rojo cereza (adj)	բալագույն	[balagújn]
lila (adj)	բաց մանուշակագույն	[batsʰ manušakagújn]
carmesí (adj)	մորեգույն	[moregújn]

claro (adj)	բաց	[batsʰ]
oscuro (adj)	մուգ	[mug]
vivo (adj)	վառ	[var]

de color (lápiz ~)	գունավոր	[gunavór]
en colores (película ~)	գունավոր	[gunavór]
blanco y negro (adj)	սև ու սպիտակ	[sev u spiták]
unicolor (adj)	միագույն	[miagújn]
multicolor (adj)	գույնզգույն	[gujnzgújn]

11. Las unidades de medida

peso (m)	քաշ	[kʰaš]
longitud (f)	երկարություն	[erkarutʰjún]

anchura (f)	լայնություն	[lajnutʰjún]
altura (f)	բարձրություն	[bardzrutʰjún]
profundidad (f)	խորություն	[xorutʰjún]
volumen (m)	ծավալ	[tsavál]
área (f)	մակերես	[makerés]

gramo (m)	գրամ	[gram]
miligramo (m)	միլիգրամ	[miligrám]
kilogramo (m)	կիլոգրամ	[kilográm]
tonelada (f)	տոննա	[tónna]
libra (f)	ֆունտ	[funt]
onza (f)	ունցիա	[úntsʰia]

metro (m)	մետր	[metr]
milímetro (m)	միլիմետր	[milimétr]
centímetro (m)	սանտիմետր	[santimétr]
kilómetro (m)	կիլոմետր	[kilométr]
milla (f)	մղոն	[mġon]

pulgada (f)	դյույմ	[djujm]
pie (m)	ֆուտ	[futʰ]
yarda (f)	յարդ	[jard]

metro (m) cuadrado	քառակուսի մետր	[kʰarakusí métr]
hectárea (f)	հեկտար	[hektár]
litro (m)	լիտր	[litr]
grado (m)	աստիճան	[astičán]
voltio (m)	վոլտ	[volt]
amperio (m)	ամպեր	[ampér]
caballo (m) de fuerza	ձիաուժ	[dziaúʒ]

cantidad (f)	քանակ	[kʰanák]
un poco de ...	մի փոքր ...	[mi pʰokʰr ...]
mitad (f)	կես	[kes]
docena (f)	դյուժին	[djuʒín]
pieza (f)	հատ	[hat]

| dimensión (f) | չափս | [čapʰs] |
| escala (f) (del mapa) | մասշտաբ | [masštáb] |

mínimo (adj)	նվազագույն	[nvazagújn]
el más pequeño (adj)	փոքրագույն	[pʰokʰragújn]
medio (adj)	միջին	[midʒín]
máximo (adj)	առավելագույն	[aravelagújn]
el más grande (adj)	մեծագույն	[metsagújn]

12. Contenedores

| tarro (m) de vidrio | բանկա | [banká] |
| lata (f) | տարա | [tará] |

cubo (m)	դույլ	[dujl]
barril (m)	տակառ	[takár]
palangana (f)	թաս	[tʰas]
tanque (m)	բաք	[bakʰ]
petaca (f) (de alcohol)	տափակաշիշ	[tapʰakašíš]
bidón (m) de gasolina	թիթեղ	[tʰitʰég̀]
cisterna (f)	ցիստեռն	[tsʰistérn]
taza (f) (mug de cerámica)	գավաթ	[gavátʰ]
taza (f) (~ de café)	բաժակ	[baʒák]
platillo (m)	պնակ	[pnak]
vaso (m) (~ de agua)	բաժակ	[baʒák]
copa (f) (~ de vino)	գավաթ	[gavátʰ]
olla (f)	կաթսա	[katʰsá]
botella (f)	շիշ	[šiš]
cuello (m) de botella	բերան	[berán]
garrafa (f)	գրաֆին	[grafín]
jarro (m) (~ de agua)	սափոր	[sapʰór]
recipiente (m)	անոթ	[anótʰ]
tarro (m)	կճուճ	[kčuč]
florero (m)	վազա	[váza]
frasco (m) (~ de perfume)	սրվակ	[srvak]
frasquito (m)	սրվակիկ	[srvakík]
tubo (m)	պարկուճ	[parkúč]
saco (m) (~ de azúcar)	պարկ	[park]
bolsa (f) (~ plástica)	տոպրակ	[toprák]
paquete (m) (~ de cigarrillos)	տուփ	[tupʰ]
caja (f)	տուփ	[tupʰ]
cajón (m) (~ de madera)	դարակ	[darák]
cesta (f)	զամբյուղ	[zambjúg̀]

LOS VERBOS
MÁS IMPORTANTES

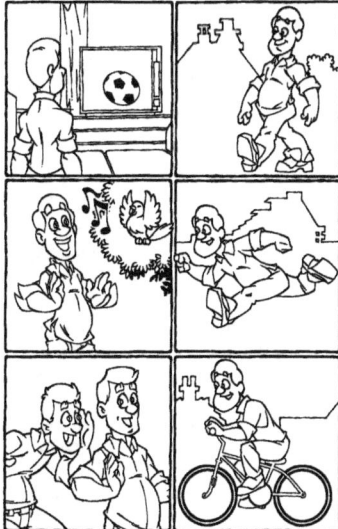

T&P Books Publishing

abrir (vt)	բացել	[batsʰél]
acabar, terminar (vt)	ավարտել	[avartél]
aconsejar (vt)	խորհուրդ տալ	[χorhúrd tal]
adivinar (vt)	գուշակել	[gušakél]
advertir (vt)	զգուշացնել	[zgušatsʰnél]
alabarse, jactarse (vr)	պարծենալ	[partsenál]

almorzar (vi)	ճաշել	[čašél]
alquilar (~ una casa)	վարձել	[vardzél]
amenazar (vt)	սպառնալ	[sparnál]
arrepentirse (vr)	ափսոսալ	[apʰsosál]
ayudar (vt)	օգնել	[ognél]
bañarse (vr)	լողալ	[loġál]

bromear (vi)	կատակել	[katakél]
buscar (vt)	փնտրել	[pʰntrel]
caer (vi)	ընկնել	[ənknél]
callarse (vr)	լռել	[lrel]

cambiar (vt)	փոխել	[pʰoχél]
castigar, punir (vt)	պատժել	[patʒél]

cavar (vt)	փորել	[pʰorél]
cazar (vi, vt)	որս անել	[vors anél]
cenar (vi)	ընթրել	[əntʰrél]
cesar (vt)	դադարեցնել	[dadaretsʰnél]

coger (vt)	բռնել	[brnel]
comenzar (vt)	սկսել	[sksel]

comparar (vt)	համեմատել	[hamematél]
comprender (vt)	հասկանալ	[haskanál]
confiar (vt)	վստահել	[vstahél]
confundir (vt)	շփոթել	[špʰotʰél]

conocer (~ a alguien)	ճանաչել	[čanačél]
contar (vt) (enumerar)	հաշվել	[hašvél]

contar con …	հույս դնել … վրա	[hujs dnel … vra]
continuar (vt)	շարունակել	[šarunakél]
controlar (vt)	վերահսկել	[verahskél]
correr (vi)	վազել	[vazél]
costar (vt)	արժենալ	[arʒenál]
crear (vt)	ստեղծել	[steġtsél]

92

14. Los verbos más importantes. Unidad 2

dar (vt)	տալ	[tal]
dar una pista	ակնարկել	[aknarkél]
decir (vt)	ասել	[asél]
decorar (para la fiesta)	զարդարել	[zardarél]

defender (vt)	պաշտպանել	[paštpanél]
dejar caer	վայր գցել	[vájr gʦʰel]
desayunar (vi)	նախաճաշել	[naχačašél]
descender (vi)	իջնել	[idʒnél]

dirigir (administrar)	ղեկավարել	[ǵekavarél]
disculparse (vr)	ներողություն խնդրել	[neroǵutʰjún χndrél]
discutir (vt)	քննարկել	[kʰnnarkél]
dudar (vt)	կասկածել	[kaskaʦél]

encontrar (hallar)	գտնել	[gtnel]
engañar (vi, vt)	խաբել	[χabél]
entrar (vi)	մտնել	[mtnel]
enviar (vt)	ուղարկել	[uǵarkél]

equivocarse (vr)	սխալվել	[sχalvél]
escoger (vt)	ընտրել	[ǝntrél]
esconder (vt)	թաքցնել	[tʰakʰʦʰnél]
escribir (vt)	գրել	[grel]
esperar (aguardar)	սպասել	[spasél]

esperar (tener esperanza)	հուսալ	[husál]
estar de acuerdo	համաձայնվել	[hamaʣajnvél]
estudiar (vt)	ուսումնասիրել	[usumnasirél]

exigir (vt)	պահանջել	[pahandʒél]
existir (vi)	գոյություն ունենալ	[gojutʰjún unenál]
explicar (vt)	բացատրել	[baʦʰatrél]
faltar (a las clases)	բաց թողնել	[baʦʰ tʰoǵnél]
firmar (~ el contrato)	ստորագրել	[storagrél]

girar (~ a la izquierda)	թեքվել	[tʰekʰvél]
gritar (vi)	բղավել	[bǵavél]
guardar (conservar)	պահպանել	[pahpanél]
gustar (vi)	դուր գալ	[dur gal]
hablar (vi, vt)	խոսել	[χosél]

hacer (vt)	անել	[anél]
informar (vt)	տեղեկացնել	[teǵekaʦʰnél]
insistir (vi)	պնդել	[pndel]
insultar (vt)	վիրավորել	[viravorél]

| interesarse (vr) | հետաքրքրվել | [hetakʰrkʰrvél] |
| invitar (vt) | հրավիրել | [hravirél] |

93

ir (a pie)	գնալ	[gnal]
jugar (divertirse)	խաղալ	[χaġál]

15. Los verbos más importantes. Unidad 3

leer (vi, vt)	կարդալ	[kardál]
liberar (ciudad, etc.)	ազատագրել	[azatagrél]
llamar (por ayuda)	կանչել	[kančél]
llegar (vi)	ժամանել	[ʒamanél]
llorar (vi)	լացել	[latsʰél]

matar (vt)	սպանել	[spanél]
mencionar (vt)	հիշատակել	[hišatakél]
mostrar (vt)	ցույց տալ	[tsʰújtsʰ tal]
nadar (vi)	լողալ	[loġál]

negarse (vr)	հրաժարվել	[hraʒarvél]
objetar (vt)	հակաճառել	[hakačarél]
observar (vt)	հետևել	[hetevél]
oír (vt)	լսել	[lsel]

olvidar (vt)	մոռանալ	[moranál]
orar (vi)	աղոթել	[aġotʰél]
ordenar (mil.)	հրամայել	[hramajél]
pagar (vi, vt)	վճարել	[včarél]
pararse (vr)	կանգ առնել	[káng arnél]

participar (vi)	մասնակցել	[masnaktsʰél]
pedir (ayuda, etc.)	խնդրել	[χndrel]
pedir (en restaurante)	պատվիրել	[patvirél]
pensar (vi, vt)	մտածել	[mtatsél]

percibir (ver)	նկատել	[nkatél]
perdonar (vt)	ներել	[nerél]
permitir (vt)	թույլատրել	[tʰujlatrél]
pertenecer a ...	պատկանել	[patkanél]

planear (vt)	պլանավորել	[planavorél]
poder (v aux)	կարողանալ	[karoġanál]
poseer (vt)	ունենալ	[unenál]
preferir (vt)	նախընտրել	[naχəntrél]
preguntar (vt)	հարցնել	[hartsʰnél]

preparar (la cena)	պատրաստել	[patrastél]
prever (vt)	կանխատեսել	[kanχatesél]
probar, tentar (vt)	փորձել	[pʰordzél]
prometer (vt)	խոստանալ	[χostanál]
pronunciar (vt)	արտասանել	[artasanél]
proponer (vt)	առաջարկել	[aradʒarkél]
quebrar (vt)	կոտրել	[kotrél]

quejarse (vr)	գանգատվել	[gangatvél]
querer (amar)	սիրել	[sirél]
querer (desear)	ուզենալ	[uzenál]

16. Los verbos más importantes. Unidad 4

recomendar (vt)	երաշխավորել	[erašxavorél]
regañar, reprender (vt)	կշտամբել	[kštambél]
reírse (vr)	ծիծաղել	[tsitsaģél]
repetir (vt)	կրկնել	[krknel]
reservar (~ una mesa)	ամրագրել	[amragrél]
responder (vi, vt)	պատասխանել	[patasxanél]

robar (vt)	գողանալ	[goģanál]
saber (~ algo mas)	իմանալ	[imanál]
salir (vi)	դուրս գալ	[durs gal]
salvar (vt)	փրկել	[pʰrkel]
seguir ...	գնալ ... հետևից	[gnal ... hetevítsʰ]
sentarse (vr)	նստել	[nstel]

ser necesario	պետք լինել	[pétkʰ linél]
ser, estar (vi)	լինել	[linél]
significar (vt)	նշանակել	[nšanakél]
sonreír (vi)	ժպտալ	[ʒptal]
sorprenderse (vr)	զարմանալ	[zarmanál]

subestimar (vt)	թերագնահատել	[tʰeragnahatél]
tener (vt)	ունենալ	[unenál]
tener hambre	ուզենալ ուտել	[uzenál utél]
tener miedo	վախենալ	[vaxenál]

tener prisa	շտապել	[štapél]
tener sed	ուզենալ խմել	[uzenál xmel]
tirar, disparar (vi)	կրակել	[krakél]
tocar (con las manos)	ձեռք տալ	[dzérkʰ tal]
tomar (vt)	վերցնել	[vertsʰnél]
tomar nota	գրառել	[grarél]

trabajar (vi)	աշխատել	[ašxatél]
traducir (vt)	թարգմանել	[tʰargmanél]
unir (vt)	միավորել	[miavorél]
vender (vt)	վաճառել	[vačarél]
ver (vt)	տեսնել	[tesnél]
volar (pájaro, avión)	թռչել	[tʰrčel]

LA HORA. EL CALENDARIO

T&P Books Publishing

lunes (m)	երկուշաբթի	[erkušabtʰí]
martes (m)	երեքշաբթի	[erekʰšabtʰí]
miércoles (m)	չորեքշաբթի	[čorekʰšabtʰí]
jueves (m)	հինգշաբթի	[hingšabtʰí]
viernes (m)	ուրբաթ	[urbátʰ]
sábado (m)	շաբաթ	[šabátʰ]
domingo (m)	կիրակի	[kirakí]

hoy (adv)	այսօր	[ajsór]
mañana (adv)	վաղը	[váǵə]
pasado mañana	վաղը չէ մյուս օրը	[váǵə čē mjus órə]
ayer (adv)	երեկ	[erék]
anteayer (adv)	նախանցյալ օրը	[naχantsʰjál órə]

día (m)	օր	[or]
día (m) de trabajo	աշխատանքային օր	[ašχatankʰajín or]
día (m) de fiesta	տոնական օր	[tonakán or]
día (m) de descanso	հանգստյան օր	[hangstján ór]
fin (m) de semana	շաբաթ, կիրակի	[šabátʰ, kirakí]

todo el día	ամբողջ օր	[ambóǵǯ ór]
al día siguiente	մյուս օրը	[mjus órə]
dos días atrás	երկու օր առաջ	[erkú or arádʒ]
en vísperas (adv)	նախորդ օրը	[naχórd órə]
diario (adj)	ամենօրյա	[amenorjá]
cada día (adv)	ամեն օր	[amén or]

semana (f)	շաբաթ	[šabátʰ]
semana (f) pasada	անցյալ շաբաթ	[antsʰjál šabátʰ]
semana (f) que viene	հաջորդ շաբաթ	[hadʒórt shabát]
semanal (adj)	շաբաթական	[šabatʰakán]
cada semana (adv)	շաբաթական	[šabatʰakán]
2 veces por semana	շաբաթը երկու անգամ	[šabátʰə erkú angám]
todos los martes	ամեն երեքշաբթի	[amén erekʰšabtʰí]

mañana (f)	առավոտ	[aravót]
por la mañana	առավոտյան	[aravotján]
mediodía (m)	կեսօր	[kesór]
por la tarde	ճաշից հետո	[čašítsʰ hetó]
noche (f)	երեկո	[erekó]

por la noche	երեկոյան	[gišér]
noche (f) (p.ej. 2:00 a.m.)	գիշեր	[gišér]
por la noche	գիշերը	[gišérə]
medianoche (f)	կեսգիշեր	[kesgišér]

segundo (m)	վայրկյան	[vajrkján]
minuto (m)	րոպե	[ropé]
hora (f)	ժամ	[ʒam]
media hora (f)	կես ժամ	[kes ʒam]
cuarto (m) de hora	քառորդ ժամ	[kʰarórd ʒam]
quince minutos	տասնհինգ րոպե	[tasníng ropé]
veinticuatro horas	օր	[or]

salida (f) del sol	արևածագ	[arevatság]
amanecer (m)	արևածագ	[arevatság]
madrugada (f)	վաղ առավոտ	[vaǧ aravót]
puesta (f) del sol	մայրամուտ	[majramút]

de madrugada	վաղ առավոտյան	[vág aravotján]
esta mañana	այսօր առավոտյան	[ajsór aravotján]
mañana por la mañana	վաղը առավոտյան	[vágə aravotján]

esta tarde	այսօր ցերեկը	[ajsór tsʰerékə]
por la tarde	ճաշից հետո	[čašítsʰ hetó]
mañana por la tarde	վաղը ճաշից հետո	[vágə čašítsʰ hetó]

| esta noche (p.ej. 8:00 p.m.) | այսօր երեկոյան | [ajsór erekoján] |
| mañana por la noche | վաղը երեկոյան | [vágə erekoján] |

a las tres en punto	ուղիղ ժամը երեքին	[uǧíǧ ʒámə erekʰín]
a eso de las cuatro	մոտ ժամը չորսին	[mot ʒámə čorsín]
para las doce	մոտ ժամը տասներկուսին	[mot ʒámə tasnerkusín]

dentro de veinte minutos	քսան րոպեից	[kʰsán ropéitsʰ]
dentro de una hora	մեկ ժամից	[mek ʒamítsʰ]
a tiempo (adv)	ժամանակին	[ʒamanakín]

... menos cuarto	տասնհինգ պակաս	[tasníng pakás]
durante una hora	մեկ ժամվա ընթացքում	[mek ʒamvá əntʰatsʰkʰúm]
cada quince minutos	տասնհինգ րոպեն մեկ	[tasníng ropén mek]
día y noche	ողջ օրը	[voǧdž órə]

19. Los meses. Las estaciones

enero (m)	հունվար	[hunvár]
febrero (m)	փետրվար	[pʰetrvár]
marzo (m)	մարտ	[mart]
abril (m)	ապրիլ	[apríl]

mayo (m)	մայիս	[majís]
junio (m)	հունիս	[hunís]

julio (m)	հուլիս	[hulís]
agosto (m)	օգոստոս	[ogostós]
septiembre (m)	սեպտեմբեր	[septembér]
octubre (m)	հոկտեմբեր	[hoktembér]
noviembre (m)	նոյեմբեր	[noembér]
diciembre (m)	դեկտեմբեր	[dektembér]

primavera (f)	գարուն	[garún]
en primavera	գարնանը	[garnánə]
de primavera (adj)	գարնանային	[garnanajín]

verano (m)	ամառ	[amár]
en verano	ամռանը	[amránə]
de verano (adj)	ամարային	[amarajín]

otoño (m)	աշուն	[ašún]
en otoño	աշնանը	[ašnánə]
de otoño (adj)	աշնանային	[ašnanajín]

invierno (m)	ձմեռ	[dzmer]
en invierno	ձմռանը	[dzmránə]
de invierno (adj)	ձմեռային	[dzmerajín]

mes (m)	ամիս	[amís]
este mes	այս ամիս	[ajs amís]
al mes siguiente	մյուս ամիս	[mjús amís]
el mes pasado	անցյալ ամիս	[antsʰjál amís]

hace un mes	մեկ ամիս առաջ	[mek amís árádʒ]
dentro de un mes	մեկ ամիս հետո	[mek amís hetó]
dentro de dos meses	երկու ամիս հետո	[erkú amís hetó]
todo el mes	ամբողջ ամիս	[ambógdʒ amís]
todo un mes	ողջ ամիս	[vogdʒ amís]

mensual (adj)	ամսական	[amsakán]
mensualmente (adv)	ամեն ամիս	[amén amís]
cada mes	ամեն ամիս	[amén amís]
dos veces por mes	ամսական երկու անգամ	[amsakán erkú angám]

año (m)	տարի	[tarí]
este año	այս տարի	[ajs tarí]
el próximo año	մյուս տարի	[mjus tarí]
el año pasado	անցյալ տարի	[antsʰjál tarí]

hace un año	մեկ տարի առաջ	[mek tarí árádʒ]
dentro de un año	մեկ տարի անց	[mek tarí ántsʰ]
dentro de dos años	երկու տարի անց	[erkú tarí antsʰ]
todo el año	ամբողջ տարի	[ambógdʒ tarí]
todo un año	ողջ տարի	[vogdʒ tarí]

cada año	ամեն տարի	[amén tarí]
anual (adj)	տարեկան	[tarekán]
anualmente (adv)	ամեն տարի	[amén tarí]
cuatro veces por año	տարեկան չորս անգամ	[tarekán čórs angám]
fecha (f) (la ~ de hoy es …)	ամսաթիվ	[amsatʰív]
fecha (f) (~ de entrega)	ամսաթիվ	[amsatʰív]
calendario (m)	օրացույց	[oratsʰújtsʰ]
medio año (m)	կես տարի	[kes tarí]
seis meses	կիսամյակ	[kisamják]
estación (f)	սեզոն	[sezón]
siglo (m)	դար	[dar]

T&P BOOKS

EL VIAJE. EL HOTEL

USD CAD
EUR CHF
JPY HKD
GBP CNY

RECEPTION

T&P Books Publishing

turismo (m)	զբոսաշրջություն	[zbosašrʤutʰjún]
turista (m)	զբոսաշրջիկ	[zbosašrʤík]
viaje (m)	ճանապարհորդություն	[čanaparhordutʰjún]
aventura (f)	արկած	[arkáts]
viaje (m) (p.ej. ~ en coche)	ուղևորություն	[uġevorutʰjún]

vacaciones (f pl)	արձակուրդ	[ardzakúrd]
estar de vacaciones	արձակուրդի մեջ լինել	[ardzakurdí méʤ linél]
descanso (m)	հանգիստ	[hangíst]

tren (m)	գնացք	[gnatsʰkʰ]
en tren	գնացքով	[gnatsʰkʰóv]
avión (m)	ինքնաթիռ	[inkʰnatʰír]
en avión	ինքնաթիռով	[inkʰnatʰiróv]
en coche	ավտոմեքենայով	[avtomekʰenajóv]
en barco	նավով	[navóv]

equipaje (m)	ուղեբեռ	[uġebér]
maleta (f)	ճամպրուկ	[čamprúk]
carrito (m) de equipaje	սայլակ	[sajlák]
pasaporte (m)	անձնագիր	[andznagír]
visado (m)	վիզա	[víza]
billete (m)	տոմս	[toms]
billete (m) de avión	ավիատոմս	[aviatóms]

guía (f) (libro)	ուղեցույց	[uġetsʰújtsʰ]
mapa (m)	քարտեզ	[kʰartéz]
área (f) (~ rural)	տեղանք	[teġánkʰ]
lugar (m)	տեղ	[teġ]

exotismo (m)	էկզոտիկա	[ēkzótika]
exótico (adj)	էկզոտիկ	[ēkzotík]
asombroso (adj)	զարմանահրաշ	[zarmanahráš]

grupo (m)	խումբ	[χumb]
excursión (f)	էքսկուրսիա	[ēkʰskúrsia]
guía (m) (persona)	էքսկուրսավար	[ēkʰskursavár]

hotel (m)	հյուրանոց	[hjuranótsʰ]
motel (m)	մոթել	[motʰél]

de tres estrellas	երեք աստղանի	[erékʰ astɡaní]
de cinco estrellas	հինգ աստղանի	[hing astɡaní]
hospedarse (vr)	կանգ առնել	[káng arnél]

habitación (f)	համար	[hamár]
habitación (f) individual	մեկտեղանի համար	[mekteɡaní hamár]
habitación (f) doble	երկտեղանի համար	[erkteɡaní hamár]
reservar una habitación	համար ամրագրել	[hamár amragrél]

media pensión (f)	կիսագիշերոթիկ	[kisagišerotʰík]
pensión (f) completa	լրիվ գիշերոթիկ	[lrív gišerotʰík]

con baño	լոգարանով	[logaranóv]
con ducha	դուշով	[dušóv]
televisión (f) satélite	արբանյակային հեռուստատեսություն	[arbanjakajín herustatesutʰjún]
climatizador (m)	օդորակիչ	[odorakíč]
toalla (f)	սրբիչ	[srbič]
llave (f)	բանալի	[banalí]

administrador (m)	ադմինիստրատոր	[administrátor]
camarera (f)	սպասավորուհի	[spasavoruhí]
maletero (m)	բեռնակիր	[bernakír]
portero (m)	դռնապահ	[drnapáh]

restaurante (m)	ռեստորան	[restorán]
bar (m)	բար	[bar]
desayuno (m)	նախաճաշ	[naχačáš]
cena (f)	ընթրիք	[əntʰríkʰ]
buffet (m) libre	շվեդական սեղան	[švedakán seɡán]

ascensor (m)	վերելակ	[verelák]
NO MOLESTAR	ՉԱՆՀԱՆԳՍՏԱՑՆԵԼ	[čanhangstatsʰnél]
PROHIBIDO FUMAR	ՉԾԽԵԼ	[čtsχél!]

22. El turismo. La excursión

monumento (m)	արձան	[ardzán]
fortaleza (f)	ամրոց	[amrótsʰ]
palacio (m)	պալատ	[palát]
castillo (m)	դղյակ	[dɡjak]
torre (f)	աշտարակ	[aštarák]
mausoleo (m)	դամբարան	[dambarán]

arquitectura (f)	ճարտարապետություն	[čartarapetutʰjún]
medieval (adj)	միջնադարյան	[midʒnadarján]
antiguo (adj)	հինավուրց	[hinavúrtsʰ]
nacional (adj)	ազգային	[azgajín]
conocido (adj)	հայտնի	[hajtní]
turista (m)	զբոսաշրջիկ	[zbosašrdʒík]

guía (m) (persona)	գիդ	[gid]
excursión (f)	էքսկուրսիա	[ěkʰskúrsia]
mostrar (vt)	ցույց տալ	[tsʰújtsʰ tal]
contar (una historia)	պատմել	[patmél]
encontrar (hallar)	գտնել	[gtnel]
perderse (vr)	կորել	[korél]
plano (m) (~ de metro)	սխեմա	[sχéma]
mapa (m) (~ de la ciudad)	քարտեզ	[kʰartéz]
recuerdo (m)	հուշանվեր	[hušanvér]
tienda (f) de regalos	հուշանվերների խանութ	[hušanvverí χanútʰ]
hacer fotos	լուսանկարել	[lusankarél]
fotografiarse (vr)	լուսանկարվել	[lusankarvél]

T&P BOOKS

EL TRANSPORTE

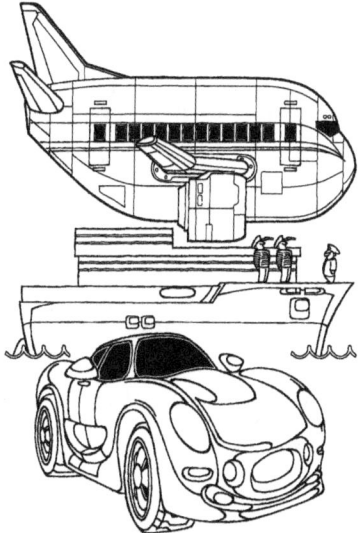

T&P Books Publishing

aeropuerto (m)	օդանավակայան	[odanavakaján]
avión (m)	ինքնաթիռ	[inkʰnatʰír]
compañía (f) aérea	ավիաընկերություն	[aviaənkerutʰjún]
controlador (m) aéreo	դիսպետչեր	[dispetčér]
despegue (m)	թռիչք	[tʰričkʰ]
llegada (f)	ժամանում	[ʒamanúm]
llegar (en avión)	ժամանել	[ʒamanél]
hora (f) de salida	թռիչքի ժամանակը	[tʰričkʰí ʒamanákə]
hora (f) de llegada	ժամանման ժամանակը	[ʒamanmán ʒamanákə]
retrasarse (vr)	ուշանալ	[ušanál]
retraso (m) de vuelo	թռիչքի ուշացում	[tʰričkʰí ušatsʰúm]
pantalla (f) de información	տեղեկատվական վահանակ	[teġekatvakán vahanák]
información (f)	տեղեկատվություն	[teġekatvutʰjún]
anunciar (vt)	հայտարարել	[hajtararél]
vuelo (m)	ռեյս	[rejs]
aduana (f)	մաքսատուն	[makʰsatún]
aduanero (m)	մաքսավոր	[makʰsavór]
declaración (f) de aduana	հայտարարագիր	[hajtararagír]
rellenar la declaración	հայտարարագիր լրացնել	[hajtararagír Iratsʰnél]
control (m) de pasaportes	անձնագրային ստուգում	[andznagrajín stugúm]
equipaje (m)	ուղեբեռ	[uġebér]
equipaje (m) de mano	ձեռքի ուղեբեռ	[dzerkʰí uġebér]
carrito (m) de equipaje	սայլակ	[sajlák]
aterrizaje (m)	վայրէջք	[vajrēdʒkʰ]
pista (f) de aterrizaje	վայրէջքի ուղի	[vajrēdʒkʰí uġí]
aterrizar (vi)	վայրէջք կատարել	[vajrēdʒkʰ katarél]
escaleras (f pl) (de avión)	օդանավասանդուղք	[odanavasandúgkʰ]
facturación (f) (check-in)	գրանցում	[grantsʰúm]
mostrador (m) de facturación	գրանցատեղան	[grantsʰaseġán]
hacer el check-in	գրանցվել	[grantsʰvél]
tarjeta (f) de embarque	տեղակտրոն	[teġaktrón]
puerta (f) de embarque	ելք	[elkʰ]
tránsito (m)	տարանցիկ չվերթ	[tarantsʰík čvertʰ]

esperar (aguardar)	սպասել	[spasél]
zona (f) de preembarque	սպասասրահ	[spasasráh]
despedir (vt)	ճանապարհել	[čanaparhél]
despedirse (vr)	հրաժեշտ տալ	[hraʒéšt tál]

24. El avión

avión (m)	ինքնաթիռ	[inkʰnatʰír]
billete (m) de avión	ավիատոմս	[aviatóms]
compañía (f) aérea	ավիաընկերություն	[aviaenkerutʰjún]
aeropuerto (m)	օդանավակայան	[odanavakaján]
supersónico (adj)	գերձայնային	[gerdzajnajín]

comandante (m)	օդանավի հրամանատար	[odanaví hramanatár]
tripulación (f)	անձնակազմ	[andznakázm]
piloto (m)	օդաչու	[odačú]
azafata (f)	ուղեկցորդուհի	[uǵektsʰorduhí]
navegador (m)	ղեկապետ	[ǵekapét]

alas (f pl)	թևեր	[tʰevér]
cola (f)	պոչ	[poč]
cabina (f)	խցիկ	[χtsʰik]
motor (m)	շարժիչ	[šarʒíč]
tren (m) de aterrizaje	շասսի	[šassí]
turbina (f)	տուրբին	[turbín]

hélice (f)	պրոպելլեր	[propellér]
caja (f) negra	սև արկղ	[sev árkǵ]
timón (m)	ղեկանիվ	[ǵekanív]
combustible (m)	վառելիք	[varelíkʰ]
instructivo (m) de seguridad	ձեռնարկ	[dzernárk]
respirador (m) de oxígeno	թթվածնային դիմակ	[tʰtʰvatsnajín dimák]
uniforme (m)	համազգեստ	[hamazgést]
chaleco (m) salvavidas	փրկագոտի	[pʰrkagotí]
paracaídas (m)	պարաշյուտ	[parašjút]

despegue (m)	թռիչք	[tʰričkʰ]
despegar (vi)	թռնել	[tʰrnel]
pista (f) de despegue	թռիչքուղի	[tʰričkʰuǵí]

visibilidad (f)	տեսանելիություն	[tesaneliutʰjún]
vuelo (m)	թռիչք	[tʰričkʰ]
altura (f)	բարձրություն	[bardzrutʰjún]
pozo (m) de aire	օդային փոս	[odajín pʰós]

asiento (m)	տեղ	[teǵ]
auriculares (m pl)	ականջակալներ	[akandʒakalnér]
mesita (f) plegable	բացվող սեղանիկ	[batsʰvóg seǵaník]
ventana (f)	իլյումինատոր	[iljuminátor]
pasillo (m)	անցուղի	[antsʰuǵí]

25. El tren

tren (m)	գնացք	[gnatsʰkʰ]
tren (m) de cercanías	էլեկտրագնացք	[ēlektragnátsʰkʰ]
tren (m) rápido	արագընթաց գնացք	[aragəntʰátsʰ gnátsʰkʰ]
locomotora (f) diésel	շերմաքարշ	[dʒermakʰárš]
tren (m) de vapor	շոգեքարշ	[šokekʰárš]

coche (m)	վագոն	[vagón]
coche (m) restaurante	վագոն-ռեստորան	[vagón restorán]

rieles (m pl)	գծեր	[gtser]
ferrocarril (m)	երկաթգիծ	[erkatʰgíts]
traviesa (f)	կոճ	[koč]

plataforma (f)	կառամատույց	[karamatújtsʰ]
vía (f)	ուղի	[uɣí]
semáforo (m)	նշանասյուն	[nšanasjún]
estación (f)	կայարան	[kajarán]

maquinista (m)	մեքենավար	[mekʰenavár]
maletero (m)	բեռնակիր	[bernakír]
mozo (m) del vagón	ուղեկից	[uɣekítsʰ]
pasajero (m)	ուղղոր	[uɣevór]
revisor (m)	հսկիչ	[hskič]

corredor (m)	միջանցք	[midʒántsʰkʰ]
freno (m) de urgencia	ավտոմատ կանգառման սարք	[avtomát kangarmán sárkʰ]

compartimiento (m)	կուպե	[kupé]
litera (f)	մահճակ	[mahčák]
litera (f) de arriba	վերևի մահճակատեղ	[vereví mahčakatéɣ]
litera (f) de abajo	ներքևի մահճակատեղ	[nerkʰeví mahčakatéɣ]
ropa (f) de cama	անկողին	[ankoɣín]

billete (m)	տոմս	[toms]
horario (m)	չվացուցակ	[čvatsʰutsʰák]
pantalla (f) de información	ցուցատախտակ	[tsʰutsʰ ataxták]

partir (vi)	մեկնել	[meknél]
partida (f) (del tren)	մեկնում	[meknúm]
llegar (tren)	ժամանել	[ʒamanél]
llegada (f)	ժամանում	[ʒamanúm]

llegar en tren	ժամանել գնացքով	[ʒamanél gnatsʰkʰóv]
tomar el tren	գնացք նստել	[gnátsʰkʰ nstel]
bajar del tren	գնացքից իջնել	[gnatsʰkʰítsʰ idʒnél]

descarrilamiento (m)	խոտորակում	[xortakúm]
tren (m) de vapor	շոգեքարշ	[šokekʰárš]

fogonero (m)	հնոցապան	[hnotsʰapán]
hogar (m)	վառարան	[vararán]
carbón (m)	ածուխ	[atsúχ]

26. El barco

barco, buque (m)	նավ	[nav]
navío (m)	նավ	[nav]

buque (m) de vapor	շոգենավ	[šogenáv]
motonave (f)	ջերմանավ	[dʒermanáv]
trasatlántico (m)	լայներ	[lájner]
crucero (m)	հածանավ	[hatsanáv]

yate (m)	զբոսանավ	[zbosanáv]
remolcador (m)	նավքարշ	[navakʰárš]
barcaza (f)	բեռնանav	[bernanáv]
ferry (m)	լաստանav	[lastanáv]

velero (m)	առագաստանav	[aragastanáv]
bergantín (m)	բրիգանտինա	[brigantína]

rompehielos (m)	սառցահատ	[sartsʰapát]
submarino (m)	սուզանav	[suzanáv]

bote (m) de remo	նավակ	[navák]
bote (m)	մակույկ	[makújk]
bote (m) salvavidas	փրկարարական մակույկ	[pʰrkararakán makújk]
lancha (f) motora	մոտորանավակ	[motoranavák]

capitán (m)	նավապետ	[navapét]
marinero (m)	նավաստի	[navastí]
marino (m)	ծովային	[tsovajín]
tripulación (f)	անձնակազմ	[andznakázm]

contramaestre (m)	բոցման	[botsʰmán]
grumete (m)	նավի փոքրավոր	[naví pʰokʰravór]
cocinero (m) de abordo	նավի խոհարար	[naví χoharár]
médico (m) del buque	նավի բժիշկ	[naví bʒíšk]

cubierta (f)	տախտակամած	[taχtakamáts]
mástil (m)	կայմ	[kajm]
vela (f)	առագաստ	[aragást]

bodega (f)	նավամբար	[navambár]
proa (f)	նավաքիթ	[navakʰítʰ]
popa (f)	նավախել	[navaχél]
remo (m)	թիակ	[tʰiak]
hélice (f)	պտուտակ	[ptuták]
camarote (m)	նավասենյակ	[navasenják]

sala (f) de oficiales	ընդհանուր նավասենյակ	[əndhanúr navasenják]
sala (f) de máquinas	մեքենաների բաժանմունք	[mekenanerí baʒanmúnkʰ]
puente (m) de mando	նավապետի կամրջակ	[navapetí kamrdʒák]
sala (f) de radio	ռադիոխցիկ	[radioxtsʰík]
onda (f)	ալիք	[alíkʰ]
cuaderno (m) de bitácora	նավամատյան	[navamatján]

anteojo (m)	հեռադիտակ	[heraditák]
campana (f)	զանգ	[zang]
bandera (f)	դրոշ	[droš]

cabo (m) (maroma)	ճոպան	[čopán]
nudo (m)	հանգույց	[hangújtsʰ]

pasamano (m)	բռնածող	[brnadzóg]
pasarela (f)	նավասանդուղք	[navasandúgkʰ]

ancla (f)	խարիսխ	[xarísx]
levar ancla	խարիսխը բարձրացնել	[xarísxə bardzrats h nél]
echar ancla	խարիսխը գցել	[xarísxə gtsʰél]
cadena (f) del ancla	խարսխաշղթա	[xarsxašǧtʰá]

puerto (m)	նավահանգիստ	[navahangíst]
embarcadero (m)	նավամատույց	[navamatújtsʰ]
amarrar (vt)	կառանել	[karanél]
desamarrar (vt)	մեկնել	[meknél]

viaje (m)	ճանապարհորդություն	[čanaparhordutʰjún]
crucero (m) (viaje)	ծովագնացություն	[tsovagnatsʰutʰjún]
derrota (f) (rumbo)	ուղղություն	[uǧutʰjún]
itinerario (m)	երթուղի	[ertʰuǧí]

canal (m) navegable	նավարկուղի	[navarkuǧí]
bajío (m)	ծանծաղուտ	[tsantsaǧút]
encallar (vi)	ծանծաղուտ ընկնել	[tsantsaǧút ənknél]

tempestad (f)	փոթորիկ	[pʰotʰorík]
señal (f)	ազդանշան	[azdanšán]
hundirse (vr)	խորտակվել	[xortakvél]
SOS	SO S	[sos]
aro (m) salvavidas	փրկագոտի	[pʰrkagotí]

LA CIUDAD

T&P Books Publishing

autobús (m)	ավտոբուս	[avtobús]
tranvía (m)	տրամվայ	[tramváj]
trolebús (m)	տրոլեյբուս	[trolejbús]
itinerario (m)	ուղի	[uǵí]
número (m)	համար	[hamár]
ir en ...	... ով գնալ	[... ov gnal]
tomar (~ el autobús)	նստել	[nstel]
bajar (~ del tren)	իջնել	[idӡnél]
parada (f)	կանգառ	[kangár]
próxima parada (f)	հաջորդ կանգառ	[hadӡórd kangár]
parada (f) final	վերջին կանգառ	[verdӡín kangár]
horario (m)	ժամանակացույց	[ӡamanakatsʰújtsʰ]
esperar (aguardar)	սպասել	[spasél]
billete (m)	տոմս	[toms]
precio (m) del billete	տոմսի արժեքը	[tomsí arӡékʰə]
cajero (m)	տոմսավաճառ	[tomsavačár]
control (m) de billetes	ստուգում	[stugúm]
revisor (m)	հսկիչ	[hskič]
llegar tarde (vi)	ուշանալ	[ušanál]
perder (~ el tren)	ուշանալ ... ից	[ušanál ... ítsʰ]
tener prisa	շտապել	[štapél]
taxi (m)	տաksi	[taksí]
taxista (m)	տաксი վարորդ	[taksú varórd]
en taxi	տաксиov	[taksióv]
parada (f) de taxi	տաксиների կայան	[taksinerí kaján]
llamar un taxi	տաкси կանչել	[taksí kančél]
tomar un taxi	տաкси վերցնել	[taksí vertsʰnél]
tráfico (m)	ճանապարհային երթեվեկություն	[čanaparhajín ertʰevekutʰjún]
atasco (m)	խցանում	[xtsʰanúm]
horas (f pl) de punta	պիկ ժամ	[pík ӡám]
aparcar (vi)	կանգնեցնել	[kangnetsʰnél]
aparcar (vt)	կանգնեцնել	[kangnetsʰnél]
aparcamiento (m)	ավտոկայան	[avtokaján]
metro (m)	մետրո	[metró]
estación (f)	կայարան	[kajarán]

ir en el metro	մետրոյով գնալ	[metrojóv gnal]
tren (m)	գնացք	[gnatsʰkʰ]
estación (f)	կայարան	[kajarán]

28. La ciudad. La vida en la ciudad

ciudad (f)	քաղաք	[kaġákʰ]
capital (f)	մայրաքաղաք	[majrakaġákʰ]
aldea (f)	գյուղ	[gjuġ]

plano (m) de la ciudad	քաղաքի հատակագիծ	[kʰaġakʰí hatakagíts]
centro (m) de la ciudad	քաղաքի կենտրոն	[kʰaġakʰí kentrón]
suburbio (m)	արվարձան	[arvardzán]
suburbano (adj)	մերձքաղաքային	[merdzkʰaġakʰajín]

arrabal (m)	ծայրամաս	[tsajramás]
afueras (f pl)	շրջակայք	[šrdʒakájkʰ]
barrio (m)	թաղամաս	[tʰaġamás]
zona (f) de viviendas	բնակելի թաղամաս	[bnakelí tʰaġamás]

tráfico (m)	երթևեկություն	[ertʰevekutʰjún]
semáforo (m)	լուսակիր	[lusakír]
transporte (m) urbano	քաղաքային տրանսպորտ	[kʰaġakʰajín transpórt]
cruce (m)	խաչմերուկ	[χačmerúk]

paso (m) de peatones	անցում	[antsʰúm]
paso (m) subterráneo	գետնանցում	[getnantsʰúm]
cruzar (vt)	անցնել	[antsʰnél]
peatón (m)	հետիոտն	[hetiótn]
acera (f)	մայթ	[majtʰ]

puente (m)	կամուրջ	[kamúrdʒ]
muelle (m)	առափնյա փողոց	[arapʰnjá pʰoġótsʰ]
fuente (f)	շատրվան	[šatrván]

alameda (f)	ծառուղի	[tsaruġí]
parque (m)	զբոսայգի	[zbosajgí]
bulevar (m)	բուլվար	[bulvár]
plaza (f)	հրապարակ	[hraparák]
avenida (f)	պողոտա	[poġóta]
calle (f)	փողոց	[pʰoġótsʰ]
callejón (m)	նրբանցք	[nrbantsʰkʰ]
callejón (m) sin salida	փակուղի	[pʰakuġí]

casa (f)	տուն	[tun]
edificio (m)	շենք	[šenkʰ]
rascacielos (m)	երկնաքեր	[erknakʰér]

| fachada (f) | ճակատամաս | [čakatamás] |
| techo (m) | տանիք | [taníkʰ] |

ventana (f)	պատուհան	[patuhán]
arco (m)	կամար	[kamár]
columna (f)	սյուն	[sjun]
esquina (f)	անկյուն	[ankjún]

escaparate (f)	ցուցափեղկ	[tsʰutsʰapʰéġk]
letrero (m) (~ luminoso)	ցուցանակ	[tsʰutsʰanák]
cartel (m)	ազդագիր	[azdagír]
cartel (m) publicitario	գովազդային ձգապաստառ	[govazdajín dzgapastár]

valla (f) publicitaria	գովազդային վահանակ	[govazdajín vahanák]

basura (f)	աղբ	[aġb]
cajón (m) de basura	աղբաման	[aġbamán]
tirar basura	աղբոտել	[aġbotél]
basurero (m)	աղբավայր	[aġbavájr]

cabina (f) telefónica	հեռախոսախցիկ	[heraχosaχtsʰík]
farola (f)	լապտերասյուն	[lapterasjún]
banco (m) (del parque)	նստարան	[nstarán]

policía (m)	ոստիկան	[vostikán]
policía (f) (~ nacional)	ոստիկանություն	[vostikanutʰjún]
mendigo (m)	մուրացկան	[muratsʰkán]
persona (f) sin hogar	անօթեւան մարդ	[anotʰeván márd]

29. Las instituciones urbanas

tienda (f)	խանութ	[χanútʰ]
farmacia (f)	դեղատուն	[deġatún]
óptica (f)	օպտիկա	[óptika]
centro (m) comercial	առեւտրի կենտրոն	[arevtrí kentrón]
supermercado (m)	սուպերմարքեթ	[supermarkʰétʰ]

panadería (f)	հացաբուլկեղենի խանութ	[hatsʰabulkeġení χanútʰ]
panadero (m)	հացթուխ	[hatsʰtʰúχ]
pastelería (f)	հրուշակեղենի խանութ	[hrušakeġení χanútʰ]
tienda (f) de comestibles	նպարեղենի խանութ	[npareġení χanútʰ]
carnicería (f)	մսի խանութ	[msi χanútʰ]

verdulería (f)	բանջարեղենի կրպակ	[bandzareġení krpák]
mercado (m)	շուկա	[šuká]

cafetería (f)	սրճարան	[srčarán]
restaurante (m)	ռեստորան	[restorán]
cervecería (f)	գարեջրատուն	[garedzratún]
pizzería (f)	պիցցերիա	[pitsʰería]

peluquería (f)	վարսավիրանոց	[varsaviranótsʰ]
oficina (f) de correos	փոստ	[pʰost]

tintorería (f)	քիմմաքրման կետ	[khimmakhrmán két]
estudio (m) fotográfico	ֆոտոսրահ	[fotosráh]
zapatería (f)	կոշիկի սրահ	[košikí sráh]
librería (f)	գրախանութ	[graχanúth]
tienda (f) deportiva	սպորտային խանութ	[sportajín χanúth]
arreglos (m pl) de ropa	հագուստի վերանորոգում	[hagustí veranorogúm]
alquiler (m) de ropa	հագուստի վարձույթ	[hagustí vardzújth]
videoclub (m)	տեսաֆիլմերի վարձույթ	[tesafilmerí vardzújth]
circo (m)	կրկես	[krkes]
zoológico (m)	կենդանաբանական այգի	[kendanabanakán ajgí]
cine (m)	կինոթատրոն	[kinothatrón]
museo (m)	թանգարան	[thangarán]
biblioteca (f)	գրադարան	[gradarán]
teatro (m)	թատրոն	[thatrón]
ópera (f)	օպերա	[operá]
club (m) nocturno	գիշերային ակումբ	[gišerajín akúmb]
casino (m)	խաղատուն	[χaġatún]
mezquita (f)	մզկիթ	[mzkith]
sinagoga (f)	սինագոգ	[sinagóg]
catedral (f)	տաճար	[tačár]
templo (m)	տաճար	[tačár]
iglesia (f)	եկեղեցի	[ekeġetshí]
instituto (m)	ինստիտուտ	[institút]
universidad (f)	համալսարան	[hamalsarán]
escuela (f)	դպրոց	[dprotsh]
prefectura (f)	ոստիկանապետություն	[vostikanapetuthjún]
alcaldía (f)	քաղաքապետարան	[khaġakapetarán]
hotel (m)	հյուրանոց	[hjuranótsh]
banco (m)	բանկ	[bank]
embajada (f)	դեսպանատուն	[despanatún]
agencia (f) de viajes	տուրիստական գործակալություն	[turistakán gortsakaluthjún]
oficina (f) de información	տեղեկատվական բյուրո	[teġekatvakán bjuró]
oficina (f) de cambio	փոխանակման կետ	[phoχanakmán két]
metro (m)	մետրո	[metró]
hospital (m)	հիվանդանոց	[hivandanótsh]
gasolinera (f)	բենզալցակայան	[benzaltshakaján]
aparcamiento (m)	ավտոկայան	[avtokaján]

117

30. Los avisos

letrero (m) (~ luminoso)	ցուցանակ	[tsʰutsʰanák]
cartel (m) (texto escrito)	ցուցացիր	[tsʰutsʰagír]
pancarta (f)	ձգապաստառ	[dzgapastár]
señal (m) de dirección	ուղեցույց	[uǵetsʰújtsʰ]
flecha (f) (signo)	սլաք	[slakʰ]

advertencia (f)	նախազգուշացում	[naχazgušatsʰúm]
aviso (m)	զգուշացում	[zgušatsʰúm]
advertir (vt)	զգուշացնել	[zgušatsʰnél]

día (m) de descanso	հանգստյան օր	[hangstján ór]
horario (m)	ժամանակացույց	[ʒamanakatsʰújtsʰ]
horario (m) de apertura	աշխատանքային ժամեր	[ašχatankʰajín ʒamér]

¡BIENVENIDOS!	ԲԱՐԻ ԳԱԼՈՒՍՏ	[barí galúst!]
ENTRADA	ՄՈՒՏՔ	[mutkʰ]
SALIDA	ԵԼՔ	[elkʰ]

EMPUJAR	ԴԵՊԻ ԴՈՒՐՍ	[depí durs]
TIRAR	ԴԵՊԻ ՆԵՐՍ	[dépi ners]
ABIERTO	ԲԱՑ Է	[batsʰ ē]
CERRADO	ՓԱԿ Է	[pʰak ē]

| MUJERES | ԿԱՆԱՑ ՀԱՄԱՐ | [kanántsʰ hamár] |
| HOMBRES | ՏՂԱՄԱՐԴԿԱՆՑ ՀԱՄԱՐ | [tǵamardkántsʰ hamár] |

REBAJAS	ՋԵՂՋԵՐ	[zeǧčér]
SALDOS	Ի ՍՊԱՌ ՎԱՃԱՌՔ	[i spar vačárkʰ]
NOVEDAD	ՆՈՐՈՒՅԹ	[norújtʰ!]
GRATIS	ԱՆՎՃԱՐ	[anvčár]

¡ATENCIÓN!	ՈՒՇԱԴՐՈՒԹՅՈՒՆ	[ušadrutʰjún!]
COMPLETO	ՏԵՂԵՐ ՉԿԱՆ	[teǵér čkan]
RESERVADO	ՊԱՏՎԻՐՎԱԾ Է	[patvirváts ē]

ADMINISTRACIÓN	ԱԴՄԻՆԻՍՏՐԱՑԻԱ	[administrátsʰia]
SÓLO PERSONAL	ՄԻԱՅՆ	[miájn
AUTORIZADO	ԱՇԽԱՏԱԿԻՑՆԵՐԻ ՀԱՄԱՐ	ašχatakitsʰnerí hamár]

CUIDADO CON EL PERRO	ԿԱՏԱՂԻ ՇՈՒՆ	[kataǵí šun]
PROHIBIDO FUMAR	ՉԾԽԵԼ	[čtsχél!]
NO TOCAR	ՉԵՐՔ ՉՏԱԼ	[dzerkʰ čtal]

PELIGROSO	ՎՏԱՆԳԱՎՈՐ Է	[vtangavór ē]
PELIGRO	ՎՏԱՆԳԱՎՈՐ Է	[vtangavór ē]
ALTA TENSIÓN	ԲԱՐՁՐ ԼԱՐՈՒՄ	[bárdzr larúm]
PROHIBIDO BAÑARSE	ԼՈՂԱԼՆ ԱՐԳԵԼՎՈՒՄ Է	[loǧáln argelvúm ē]

NO FUNCIONA	Չի ԱՇԽԱՏՈՒՄ	[či ašxatúm]
INFLAMABLE	ՀՐԱՎՏԱՆԳԱՎՈՐ Է	[hravtangavór ē]
PROHIBIDO	ԱՐԳԵԼՎԱԾ Է	[argelváts ē]
PROHIBIDO EL PASO	ԱՆՑՆԵԼՆ ԱՐԳԵԼՎԱԾ Է	[antshnéln argelváts ē]
RECIÉN PINTADO	ՆԵՐԿՎԱԾ Է	[nerkváts ē]

31. Las compras

comprar (vt)	գնել	[gnel]
compra (f)	գնում	[gnum]
hacer compras	գնումներ կատարել	[gnumnér katarél]
compras (f pl)	գնումներ	[gnumnér]

| estar abierto (tienda) | աշխատել | [ašxatél] |
| estar cerrado | փակվել | [phakvél] |

calzado (m)	կոշիկ	[košík]
ropa (f)	հագուստ	[hagúst]
cosméticos (m pl)	կոսմետիկա	[kosmétika]
productos alimenticios	մթերքներ	[mtherkhnér]
regalo (m)	նվեր	[nver]

vendedor (m)	վաճառող	[vačaróg]
vendedora (f)	վաճառողուհի	[vačaroģuhí]
caja (f)	դրամարկղ	[dramárkģ]
espejo (m)	հայելի	[hajelí]
mostrador (m)	վաճառասեղան	[vačaraseģán]
probador (m)	հանդերձարան	[handerdzarán]

probar (un vestido)	փորձել	[phordzél]
quedar (una ropa, etc.)	սազել	[sazél]
gustar (vi)	դուր գալ	[dur gal]

precio (m)	գին	[gin]
etiqueta (f) de precio	գնապիտակ	[gnapiták]
costar (vt)	արժենալ	[arʒenál]
¿Cuánto?	Որքա՞ն արժե	[vorkhán arʒé?]
descuento (m)	զեղչ	[zeģč]

no costoso (adj)	ոչ թանկ	[voč thank]
barato (adj)	էժան	[ēʒán]
caro (adj)	թանկ	[thank]
Es caro	Սա թանկ է	[sa thánk ē]

alquiler (m)	վարձույթ	[vardzújth]
alquilar (vt)	վարձել	[vardzél]
crédito (m)	վարկ	[vark]
a crédito (adv)	վարկով	[varkóv]

T&P BOOKS

LA ROPA Y
LOS ACCESORIOS

T&P Books Publishing

32. La ropa exterior. Los abrigos

ropa (f)	հագուստ	[hagúst]
ropa (f) de calle	վերնազգեստ	[vernazgést]
ropa (f) de invierno	ձմեռային հագուստ	[dzmerajín hagúst]

abrigo (m)	վերարկու	[verarkú]
abrigo (m) de piel	մուշտակ	[mušták]
abrigo (m) corto de piel	կիսամուշտակ	[kisamušták]
chaqueta (f) plumón	բմբուլե բաճկոն	[bmbulé bačkón]

cazadora (f)	բաճկոն	[bačkón]
impermeable (m)	թիկնոց	[tʰiknótsʰ]
impermeable (adj)	անջրանցիկ	[andʒrantsʰík]

33. Ropa de hombre y mujer

camisa (f)	վերնաշապիկ	[vernašapík]
pantalones (m pl)	տաբատ	[tabát]
jeans, vaqueros (m pl)	ջինսեր	[dʒinsér]
chaqueta (f), saco (m)	պիջակ	[pidʒák]
traje (m)	կոստյում	[kostjúm]

vestido (m)	զգեստ	[zgest]
falda (f)	շրջազգեստ	[šrdʒazgést]
blusa (f)	բլուզ	[bluz]
rebeca (f), chaqueta (f) de punto	կոֆտա	[koftá]
chaqueta (f)	ժակետ	[ʒakét]

camiseta (f) (T-shirt)	մարզաշապիկ	[marzašapík]
pantalones (m pl) cortos	կարճ տաբատ	[karč tabát]
traje (m) deportivo	մարզազգեստ	[marzazgést]
bata (f) de baño	խալաթ	[χalátʰ]
pijama (m)	ննջազգեստ	[nndʒazgést]

suéter (m)	սվիտեր	[svitér]
pulóver (m)	պուլովեր	[pulóver]
chaleco (m)	բաճկոնակ	[bačkonák]
frac (m)	ֆրակ	[frak]
esmoquin (m)	սմոկինգ	[smóking]
uniforme (m)	համազգեստ	[hamazgést]
ropa (f) de trabajo	աշխատանքային համազգեստ	[ašχatankʰajín hamazgést]

| mono (m) | կոմբինեզոն | [kombinezón] |
| bata (f) (p. ej. ~ blanca) | խալաթ | [xaláth] |

34. La ropa. La ropa interior

ropa (f) interior	ներքնազգեստ	[nerkhnazgést]
camiseta (f) interior	ներքնաշապիկ	[nerkhnašapík]
calcetines (m pl)	կիսագուլպա	[kisagulpá]

camisón (m)	գիշերանոց	[gišeranótsh]
sostén (m)	կրծկալ	[krtskhákal]
calcetines (m pl) altos	կարճ գուլպաներ	[karč gulpanér]
pantimedias (f pl)	զուգագուլպա	[zugagulpá]
medias (f pl)	գուլպաներ	[gulpanér]
traje (m) de baño	լողազգեստ	[loġazgést]

35. Gorras

gorro (m)	գլխարկ	[glxark]
sombrero (m) de fieltro	ֆետրավոր գլխարկ	[ezravór glxárk]
gorra (f) de béisbol	մարզագլխարկ	[marzaglxárk]
gorra (f) plana	կեպի	[képi]

boina (f)	բերետ	[berét]
capuchón (m)	գլխանոց	[glxanótsh]
panamá (m)	պանամա	[panáma]
gorro (m) de punto	գործած գլխարկ	[gortsáts glxárk]

| pañuelo (m) | գլխաշոր | [glxašór] |
| sombrero (m) de mujer | գլխարկիկ | [glxarkík] |

casco (m) (~ protector)	սաղավարտ	[saġavárt]
gorro (m) de campaña	պիլոտկա	[pilótka]
casco (m) (~ de moto)	սաղավարտ	[saġavárt]

| bombín (m) | կոտելոկ | [kotelók] |
| sombrero (m) de copa | գլանագլխարկ | [glanaglxárk] |

36. El calzado

calzado (m)	կոշիկ	[košík]
botas (f pl)	ճտքավոր կոշիկներ	[čtkhavór košiknér]
zapatos (m pl) (~ de tacón bajo)	կոշիկներ	[košiknér]
botas (f pl) altas	երկարաճիտ կոշիկներ	[erkaračít košiknér]
zapatillas (f pl)	հողաթափեր	[hoġathaphér]

tenis (m pl)	բութասներ	[botʰasnér]
zapatillas (f pl) de lona	մարզական կոշիկներ	[marzakán košiknér]
sandalias (f pl)	սանդալներ	[sandalnér]

zapatero (m)	կոշկակար	[koškakár]
tacón (m)	կրունկ	[krunk]
par (m)	զույգ	[zujg]

cordón (m)	կոշկակապ	[koškakáp]
encordonar (vt)	կոշկակապել	[koškakapél]
calzador (m)	թիակ	[tʰiak]
betún (m)	կոշիկի քսուք	[košikí ksúkʰ]

37. Accesorios personales

guantes (m pl)	ձեռնոցներ	[dzernotsʰnér]
manoplas (f pl)	ձեռնոց	[dzernótsʰ]
bufanda (f)	շարֆ	[šarf]

gafas (f pl)	ակնոց	[aknótsʰ]
montura (f)	շրջանակ	[šrdʒanák]
paraguas (m)	հովանոց	[hovanótsʰ]
bastón (m)	ձեռնափայտ	[dzernapʰájt]
cepillo (m) de pelo	մազերի խոզանակ	[mazerí χozanák]
abanico (m)	հովհար	[hovhár]

corbata (f)	փողկապ	[pʰoǵkáp]
pajarita (f)	փողկապ-թիթեռնիկ	[pʰoǵkáp tʰitʰerník]
tirantes (m pl)	տաբատակալ	[tabatakál]
moquero (m)	թաշկինակ	[tʰaškinák]

peine (m)	սանր	[sanr]
pasador (m) de pelo	մազակալ	[mazakál]
horquilla (f)	ծամկալ	[tsamkál]
hebilla (f)	ճարմանդ	[čarmánd]

cinturón (m)	գոտի	[gotí]
correa (f) (de bolso)	փոկ	[pʰok]

bolsa (f)	պայուսակ	[pajusák]
bolso (m)	կանացի պայուսակ	[kanatsʰí pajusák]
mochila (f)	ուղեպարկ	[uǵepárk]

38. La ropa. Miscelánea

moda (f)	նորաձևություն	[noradzevutʰjún]
de moda (adj)	նորաձև	[noradzév]
diseñador (m) de moda	մոդելեր	[modelér]

cuello (m)	օձիք	[odzíkʰ]
bolsillo (m)	գրպան	[grpan]
de bolsillo (adj)	գրպանի	[grpaní]
manga (f)	թևք	[tʰevkʰ]
presilla (f)	կախիչ	[kaχíč]
bragueta (f)	լայնույթ	[lajnújtʰ]

cremallera (f)	կայծակաճարմանդ	[kajtsaka čarmánd]
cierre (m)	ճարմանդ	[čarmánd]
botón (m)	կոճակ	[kočák]
ojal (m)	հանգույց	[hangújtsʰ]
saltar (un botón)	պոկվել	[pokvél]

coser (vi, vt)	կարել	[karél]
bordar (vt)	ասեղնագործել	[aseǵnagortsél]
bordado (m)	ասեղնագործություն	[aseǵnagortsutʰjún]
aguja (f)	ասեղ	[aséǵ]
hilo (m)	թել	[tʰel]
costura (f)	կար	[kar]

ensuciarse (vr)	կեղտոտվել	[keǵtotvél]
mancha (f)	բիծ	[bits]
arrugarse (vr)	ճմրթվել	[čmrtʰel]
rasgar (vt)	ճղվել	[čǵvel]
polilla (f)	ցեց	[tsʰetsʰ]

39. Productos personales. Cosméticos

pasta (f) de dientes	ատամի մածուկ	[atamí matsúk]
cepillo (m) de dientes	ատամի խոզանակ	[atamí χozanák]
limpiarse los dientes	ատամները մաքրել	[atamnérə makʰrél]

maquinilla (f) de afeitar	ածելի	[atselí]
crema (f) de afeitar	սափրվելու կրեմ	[sapʰrvelú krem]
afeitarse (vr)	սափրվել	[sapʰrvél]

jabón (m)	օճառ	[očár]
champú (m)	շամպուն	[šampún]

tijeras (f pl)	մկրատ	[mkrat]
lima (f) de uñas	խարատոց	[χartótsʰ]
cortaúñas (m pl)	ունելիք	[unelíkʰ]
pinzas (f pl)	ունելի	[unelí]

cosméticos (m pl)	կոսմետիկա	[kosmétika]
mascarilla (f)	դիմակ	[dimák]
manicura (f)	մանիկյուր	[manikjúr]
hacer la manicura	մատնահարդարում	[matnahardarúm]
pedicura (f)	պեդիկյուր	[pedikjúr]
bolsa (f) de maquillaje	կոսմետիկայի պայուսակ	[kosmetikají pajusák]

polvos (m pl)	դիմափոշի	[dimap^hošĺ]
polvera (f)	դիմափոշու աման	[dimap^hošú amán]
colorete (m), rubor (m)	կարմրաներկ	[karmranérk]

perfume (m)	օծանելիք	[otsanelík^h]
agua (f) de tocador	անուշահոտ ջուր	[anušahót dʒur]
loción (f)	լոսյոն	[losjón]
agua (f) de Colonia	օդեկոլոն	[odekolón]

sombra (f) de ojos	կոպերի ներկ	[koperí nérk]
lápiz (m) de ojos	աչքի մատիտ	[ačk^hí matít]
rímel (m)	տուշ	[tuš]

pintalabios (m)	շրթներկ	[šrt^hnerk]
esmalte (m) de uñas	եղունգների լաք	[eg̣ungnerí lák^h]
fijador (m) para el pelo	մազերի լաք	[mazerí lak^h]
desodorante (m)	դեզոդորանտ	[dezodoránt]

crema (f)	կրեմ	[krem]
crema (f) de belleza	դեմքի կրեմ	[demk^hí krem]
crema (f) de manos	ձեռքի կրեմ	[dzerk^hí krem]
crema (f) antiarrugas	կնճիռների դեմ կրեմ	[knčirnerí dém krém]
de día (adj)	ցերեկային	[ts^herekajín]
de noche (adj)	գիշերային	[gišerajín]

tampón (m)	տամպոն	[tampón]
papel (m) higiénico	զուգարանի թուղթ	[zugaraní t^húg̣t^h]
secador (m) de pelo	ֆեն	[fen]

40. Los relojes

reloj (m)	ձեռքի ժամացույց	[dzerk^hí ʒamats^hújts^h]
esfera (f)	թվահարթակ	[t^hvahart^hák]
aguja (f)	սլաք	[slak^h]
pulsera (f)	շղթա	[šg̣t^ha]
correa (f) (del reloj)	փոկ	[p^hok]

pila (f)	մարտկոց	[martkóts^h]
descargarse (vr)	նստել	[nstel]
cambiar la pila	մարտկոցը փոխել	[martkóts^hə p^hoχél]

| adelantarse (vr) | առաջ ընկնել | [arádʒ ənknél] |
| retrasarse (vr) | ետ ընկնել | [et ənknél] |

reloj (m) de pared	պատի ժամացույց	[patí ʒamats^hújts^h]
reloj (m) de arena	ավազի ժամացույց	[avazí ʒamats^hújts^h]
reloj (m) de sol	արևի ժամացույց	[areví ʒamats^hújts^h]
despertador (m)	զարթուցիչ	[zart^huts^híč]
relojero (m)	ժամագործ	[ʒamagórts]
reparar (vt)	նորոգել	[norogél]

T&P BOOKS

LA EXPERIENCIA DIARIA

T&P Books Publishing

dinero (m)	դրամ	[dram]
cambio (m)	փոխանակում	[pʰoχanakúm]
curso (m)	փոխարժեք	[pʰoχarʒékʰ]
cajero (m) automático	բանկոմատ	[bankomát]
moneda (f)	մետաղադրամ	[metaġadrám]

dólar (m)	դոլլար	[dollár]
euro (m)	եվրո	[évro]

lira (f)	լիրա	[líra]
marco (m) alemán	մարկ	[mark]
franco (m)	ֆրանկ	[frank]
libra esterlina (f)	ֆունտ ստերլինգ	[fúnt stérling]
yen (m)	յեն	[jen]

deuda (f)	պարտք	[partkʰ]
deudor (m)	պարտապան	[partapán]
prestar (vt)	պարտքով տալ	[partkʰóv tal]
tomar prestado	պարտքով վերցնել	[partkʰóv vertsʰnél]

banco (m)	բանկ	[bank]
cuenta (f)	հաշիվ	[hašív]
ingresar en la cuenta	հաշվի վրա գցել	[hašví vra gtsʰel]
sacar de la cuenta	հաշվից հանել	[hašvítsʰ hanél]

tarjeta (f) de crédito	վարկային քարտ	[varkʰajín kʰárt]
dinero (m) en efectivo	կանխիկ դրամ	[kanχík dram]
cheque (m)	չեք	[čekʰ]
sacar un cheque	չեք դուրս գրել	[čekʰ durs grel]
talonario (m)	չեքային գրքույկ	[čekʰajín grkʰújk]

cartera (f)	թղթապանակ	[tʰġtʰapanák]
monedero (m)	դրամապանակ	[dramapanák]
caja (f) fuerte	չհրկիզվող պահարան	[čhrkizvóg paharán]

heredero (m)	ժառանգ	[ʒaráng]
herencia (f)	ժառանգություն	[ʒarangutʰjún]
fortuna (f)	ունեցվածք	[unetsʰvátskʰ]

arriendo (m)	վարձ	[vardz]
alquiler (m) (dinero)	բնակվարձ	[bnakvárdz]
alquilar (~ una casa)	վարձել	[vardzél]
precio (m)	գին	[gin]
coste (m)	արժեք	[arʒékʰ]

suma (f)	գումար	[gumár]
gastar (vt)	ծախսել	[tsaxsél]
gastos (m pl)	ծախսեր	[tsaxsér]
economizar (vi, vt)	տնտեսել	[tntesél]
económico (adj)	տնտեսող	[tntesóg]

pagar (vi, vt)	վճարել	[včarél]
pago (m)	վճար	[včár]
cambio (m) (devolver el ~)	մանր	[manr]

impuesto (m)	հարկ	[hark]
multa (f)	տուգանք	[tugánkʰ]
multar (vt)	տուգանել	[tuganél]

42. La oficina de correos

oficina (f) de correos	փոստ	[pʰost]
correo (m) (cartas, etc.)	փոստ	[pʰost]
cartero (m)	փոստատար	[pʰostatár]
horario (m) de apertura	աշխատանքային ժամեր	[ašxatankʰajín ʒamér]

carta (f)	նամակ	[namák]
carta (f) certificada	պատվիրված նամակ	[patvirváts namák]
tarjeta (f) postal	բացիկ	[batsʰík]
telegrama (m)	հեռագիր	[heragír]

paquete (m) postal	ծանրոց	[tsanrótsʰ]
giro (m) postal	դրամային փոխանցում	[dramajín pʰoxantsʰúm]

recibir (vt)	ստանալ	[stanál]
enviar (vt)	ուղարկել	[uǵarkél]
envío (m)	ուղարկում	[uǵarkúm]

dirección (f)	հասցե	[hastsʰé]
código (m) postal	ինդեկս	[indéks]

expedidor (m)	ուղարկող	[uǵarkóǵ]
destinatario (m)	ստացող	[statsʰóǵ]

nombre (m)	անուն	[anún]
apellido (m)	ազգանուն	[azganún]

tarifa (f)	սակագին	[sakagín]
ordinario (adj)	սովորական	[sovorakán]
económico (adj)	տնտեսող	[tntesóg]

peso (m)	քաշ	[kʰaš]
pesar (~ una carta)	կշռել	[kšrel]
sobre (m)	ծրար	[tsrar]
sello (m)	նամականիշ	[namakaníš]

43. La banca

banco (m)	բանկ	[bank]
sucursal (f)	բաժանմունք	[bažanmúnkʰ]
consultor (m)	խորհրդատու	[χorhrdatú]
gerente (m)	կառավարիչ	[karavaríč]
cuenta (f)	հաշիվ	[hašív]
numero (m) de la cuenta	հաշվի համար	[hašví hamár]
cuenta (f) corriente	ընթացիկ հաշիվ	[əntʰatsʰík hašív]
cuenta (f) de ahorros	կուտակային հաշիվ	[kutakajín hašív]
abrir una cuenta	հաշիվ բացել	[hašív batsʰél]
cerrar la cuenta	հաշիվ փակել	[hašív pʰakél]
ingresar en la cuenta	հաշվի վրա գցել	[hašví vra gtsʰel]
sacar de la cuenta	հաշվից հանել	[hašvítsʰ hanél]
depósito (m)	ավանդ	[avánd]
hacer un depósito	ավանդ ներդնել	[avánd nerdnél]
giro (m) bancario	փոխանցում	[pʰoχantsʰúm]
hacer un giro	փոխանցում կատարել	[pʰoχantsʰúm katarél]
suma (f)	գումար	[gumár]
¿Cuánto?	Որքա՞ն	[vorkʰán?]
firma (f) (nombre)	ստորագրություն	[storagrutʰjún]
firmar (vt)	ստորագրել	[storagrél]
tarjeta (f) de crédito	վարկային քարտ	[varkʰajín kʰárt]
código (m)	կոդ	[kod]
número (m) de tarjeta de crédito	վարկային քարտի համար	[varkʰajín kʰartí hamár]
cajero (m) automático	բանկոմատ	[bankomát]
cheque (m)	չեք	[čekʰ]
sacar un cheque	չեք դուրս գրել	[čekʰ durs grel]
talonario (m)	չեքային գրքույկ	[čekʰajín grkʰújk]
crédito (m)	վարկ	[vark]
pedir el crédito	դիմել վարկ ստանալու համար	[dimél várk stanalú hamár]
obtener un crédito	վարկ վերցնել	[vark vertsʰnél]
conceder un crédito	վարկ տրամադրել	[vark tramadrél]
garantía (f)	գրավական	[gravakán]

44. El teléfono. Las conversaciones telefónicas

teléfono (m)	հեռախոս	[heraχós]
teléfono (m) móvil	բջջային հեռախոս	[bdždžajín heraχós]

contestador (m)	ինքնապատասխանիչ	[inkʰnapatasχaníč]
llamar, telefonear	զանգահարել	[zangaharél]
llamada (f)	զանգ	[zang]

marcar un número	համարը հավաքել	[hamárə havakʰél]
¿Sí?, ¿Dígame?	Ալո՛	[aló!]
preguntar (vt)	հարցնել	[hartsʰnél]
responder (vi, vt)	պատասխանել	[patasχanél]

oír (vt)	լսել	[lsel]
bien (adv)	լավ	[lav]
mal (adv)	վատ	[vat]
ruidos (m pl)	խանգարումներ	[χangarumnér]

auricular (m)	լսափող	[lsapʰóǵ]
descolgar (el teléfono)	լսափողը վերցնել	[lsapʰóǵə vertsʰnél]
colgar el auricular	լսափողը դնել	[lsapʰóǵə dnél]

ocupado (adj)	զբաղված	[zbaǵváts]
sonar (teléfono)	զանգել	[zangél]
guía (f) de teléfonos	հեռախոսագիրք	[heraχosagírkʰ]

local (adj)	տեղային	[teǵajín]
de larga distancia	միջքաղաքային	[midʒkaǵakʰajín]
internacional (adj)	միջազգային	[midʒazgajín]

45. El teléfono celular

teléfono (m) móvil	բջջային հեռախոս	[bdʒdʒajín heraχós]
pantalla (f)	էկրան	[ēkrán]
botón (m)	կոճակ	[kočák]
tarjeta SIM (f)	SIM-քարտ	[sim kʰart]

pila (f)	մարտկոց	[martkótsʰ]
descargarse (vr)	լիցքաթափվել	[litsʰkʰatʰapʰvél]
cargador (m)	լիցքավորման սարք	[litsʰkavormán sárkʰ]

menú (m)	մենյու	[menjú]
preferencias (f pl)	լարք	[larkʰ]
melodía (f)	մեղեդի	[meǵedí]
seleccionar (vt)	ընտրել	[əntrél]

| calculadora (f) | հաշվիչ | [hašvíč] |
| contestador (m) | ինքնապատասխանիչ | [inkʰnapatasχaníč] |

| despertador (m) | զարթուցիչ | [zartʰutsʰíč] |
| contactos (m pl) | հեռախոսագիրք | [heraχosagírkʰ] |

| mensaje (m) de texto | SMS-հաղորդագրություն | [SMS haǵordagrutʰjún] |
| abonado (m) | բաժանորդ | [baʒanórd] |

131

46. Los artículos de escritorio. La papelería

bolígrafo (m)	խելանհու գրիչ	[inkʰnahós gríč]
pluma (f) estilográfica	փետրավոր գրիչ	[pʰetravór grič]
lápiz (m)	մատիտ	[matít]
marcador (m)	նշիչ	[nšič]
rotulador (m)	ֆլոմաստեր	[flomastér]
bloc (m) de notas	նոթատետր	[notʰatétr]
agenda (f)	օրագիրք	[oragírkʰ]
regla (f)	քանոն	[kʰanón]
calculadora (f)	հաշվիչ	[hašvíč]
goma (f) de borrar	ռետին	[retín]
chincheta (f)	սեղնակ	[severák]
clip (m)	ամրակ	[amrák]
cola (f), pegamento (m)	սոսինձ	[sosíndz]
grapadora (f)	ճարմանդակարիչ	[čarmandakaríč]
perforador (m)	ծակոտիչ	[tsakotíč]
sacapuntas (m)	սրիչ	[srič]

47. Los idiomas extranjeros

lengua (f)	լեզու	[lezú]
lengua (f) extranjera	օտար լեզու	[otár lezú]
estudiar (vt)	ուսումնասիրել	[usumnasirél]
aprender (ingles, etc.)	սովորել	[sovorél]
leer (vi, vt)	կարդալ	[kardál]
hablar (vi, vt)	խոսել	[xosél]
comprender (vt)	հասկանալ	[haskanál]
escribir (vt)	գրել	[grel]
rápidamente (adv)	արագ	[arág]
lentamente (adv)	դանդաղ	[dandáǵ]
con fluidez (adv)	ազատ	[azát]
reglas (f pl)	կանոն	[kanón]
gramática (f)	քերականություն	[kʰerakanutʰjún]
vocabulario (m)	բառապաշարություն	[baragitutʰjún]
fonética (f)	հնչյունաբանություն	[hnčjunabanutʰjún]
manual (m)	դասագիրք	[dasagírkʰ]
diccionario (m)	բառարան	[bararán]
manual (m) autodidáctico	ինքնուսույց	[inkʰnusújtsʰ]
guía (f) de conversación	զրուցարան	[zrutsʰarán]
casete (m)	ձայներիզ	[dzajneríz]

videocasete (f)	տեսաերիզ	[tesaeríz]
disco compacto, CD (m)	խտասկավառակ	[xtaskavarák]
DVD (m)	DVD-սկավառակ	[dividí skavarák]
alfabeto (m)	այբուբեն	[ajbubén]
deletrear (vt)	տառերով արտասանել	[tareróv artasanél]
pronunciación (f)	արտասանություն	[artasanutʰjún]
acento (m)	ակցենտ	[aktsʰént]
con acento	ակցենտով	[aktsʰentóv]
sin acento	առանց ակցենտ	[arántsʰ aktsʰént]
palabra (f)	բառ	[bar]
significado (m)	իմաստ	[imást]
cursos (m pl)	դասընթաց	[dasəntʰátsʰ]
inscribirse (vr)	գրանցվել	[grantsʰvél]
profesor (m) (~ de inglés)	ուսուցիչ	[usutsʰíč]
traducción (f) (proceso)	թարգմանություն	[tʰargmanutʰjún]
traducción (f) (texto)	թարգմանություն	[tʰargmanutʰjún]
traductor (m)	թարգմանիչ	[tʰargmaníč]
intérprete (m)	թարգմանիչ	[tʰargmaníč]
políglota (m)	պոլիգլոտ	[poliglót]
memoria (f)	հիշողություն	[hišoǧutʰjún]

LAS COMIDAS. EL RESTAURANTE

T&P Books Publishing

48. Los cubiertos

cuchara (f)	զդալ	[gdal]
cuchillo (m)	դանակ	[danák]
tenedor (m)	պատառաքաղ	[patarakʰág̊]

taza (f)	բաժակ	[baʒák]
plato (m)	ափսե	[apʰsé]
platillo (m)	պնակ	[pnak]
servilleta (f)	անձեռոցիկ	[andzerotsʰík]
mondadientes (m)	ատամնափորիչ	[atamnapʰoríč]

49. El restaurante

restaurante (m)	ռեստորան	[restorán]
cafetería (f)	սրճարան	[srčarán]
bar (m)	բար	[bar]
salón (m) de té	թեյարան	[tʰejarán]

camarero (m)	մատուցող	[matutsʰóg̊]
camarera (f)	մատուցողուհի	[matutsʰoguhí]
barman (m)	բարմեն	[barmén]
carta (f), menú (m)	մենյու	[menjú]
carta (f) de vinos	գինիների գրացանկ	[gininerí gratsʰánk]
reservar una mesa	սեղան պատվիրել	[seg̊án patvirél]

plato (m)	ուտեստ	[utést]
pedir (vt)	պատվիրել	[patvirél]
hacer un pedido	պատվեր կատարել	[patvér katarél]
aperitivo (m)	ապերիտիվ	[aperitív]
entremés (m)	խորտիկ	[xortík]
postre (m)	աղանդեր	[ag̊andér]

cuenta (f)	հաշիվ	[hašív]
pagar la cuenta	հաշիվը վճակել	[hašívə pʰakél]
dar la vuelta	մանրը վերադարձնել	[mánrə veradartsnél]
propina (f)	թեյավճար	[tʰejapʰóg̊]

50. Las comidas

comida (f)	կերակուր	[kerakúr]
comer (vi, vt)	ուտել	[utél]

desayuno (m)	նախաճաշ	[naχačáš]
desayunar (vi)	նախաճաշել	[naχačašél]
almuerzo (m)	ճաշ	[čaš]
almorzar (vi)	ճաշել	[čašél]
cena (f)	ընթրիք	[ənthríkh]
cenar (vi)	ընթրել	[ənthrél]
apetito (m)	ախորժակ	[aχorʒák]
¡Que aproveche!	Բարի ախորժա՛կ	[barí aχorʒák]
abrir (vt)	բացել	[batshél]
derramar (líquido)	թափել	[thaphél]
derramarse (líquido)	թափվել	[thaphvél]
hervir (vi)	եռալ	[erál]
hervir (vt)	եռացնել	[eratshnél]
hervido (agua ~a)	եռացրած	[eratshráts]
enfriar (vt)	սառեցնել	[saretshnél]
enfriarse (vr)	սառեցվել	[saretshvél]
sabor (m)	համ	[ham]
regusto (m)	կողմնակի համ	[koǵmnakí ham]
adelgazar (vi)	նիհարել	[niharél]
dieta (f)	սննդակարգ	[snndakárg]
vitamina (f)	վիտամին	[vitamín]
caloría (f)	կալորիա	[kalória]
vegetariano (m)	բուսակեր	[busakér]
vegetariano (adj)	բուսակերական	[busakerakán]
grasas (f pl)	ճարպեր	[čarpér]
proteínas (f pl)	սպիտակուցներ	[spitakutshnér]
carbohidratos (m pl)	ածխաջրեր	[atsχadʒrér]
loncha (f)	պատառ	[patár]
pedazo (m)	կտոր	[ktor]
miga (f)	փշուր	[phšur]

51. Los platos

plato (m)	ճաշատեսակ	[čašatesák]
cocina (f)	խոհանոց	[χohanóts ͪ]
receta (f)	բաղադրատոմս	[baǵadratóms]
porción (f)	բաժին	[baʒín]
ensalada (f)	աղցան	[aǵtsán]
sopa (f)	ապուր	[apúr]
caldo (m)	մսաջուր	[msadʒúr]
bocadillo (m)	բրդուճ	[brdúč]
huevos (m pl) fritos	ձվածեղ	[dzvatséǵ]

hamburguesa (f)	համբուրգեր	[hamburgér]
bistec (m)	բիֆշտեքս	[bifštékʰs]
guarnición (f)	գառնիր	[garnír]
espagueti (m)	սպագետի	[spagétti]
puré (m) de patatas	կարտոֆիլի այուրե	[kartofilí pjuré]
pizza (f)	պիցցա	[pítsʰa]
gachas (f pl)	շիլա	[šilá]
tortilla (f) francesa	ձվածեղ	[dzvatséǵ]
cocido en agua (adj)	եփած	[epʰáts]
ahumado (adj)	ապխտած	[apχtáts]
frito (adj)	տապակած	[tapakáts]
seco (adj)	չորացրած	[čoratsʰráts]
congelado (adj)	սառեցված	[saretsʰváts]
marinado (adj)	մարինացված	[marinatsʰváts]
azucarado, dulce (adj)	քաղցր	[kʰaǵtsʰr]
salado (adj)	աղի	[aǵí]
frío (adj)	սառը	[sárə]
caliente (adj)	տաք	[takʰ]
amargo (adj)	դառը	[dárə]
sabroso (adj)	համեղ	[haméǵ]
cocer en agua	եփել	[epʰél]
preparar (la cena)	պատրաստել	[patrastél]
freír (vt)	տապակել	[tapakél]
calentar (vt)	տաքացնել	[takʰatsʰnél]
salar (vt)	աղ անել	[aǵ anél]
poner pimienta	պղպեղ անել	[pǵpéǵ anél]
rallar (vt)	քերել	[kʰerél]
piel (f)	կլեպ	[klep]
pelar (vt)	կլպել	[klpel]

52. La comida

carne (f)	միս	[mis]
gallina (f)	հավ	[hav]
pollo (m)	ճուտ	[čut]
pato (m)	բադ	[bad]
ganso (m)	սագ	[sag]
caza (f) menor	որսամիս	[vorsamís]
pava (f)	հնդկահավ	[hndkaháv]
carne (f) de cerdo	խոզի միս	[χozí mis]
carne (f) de ternera	հորթի միս	[hortʰí mís]
carne (f) de carnero	ոչխարի միս	[vočχarí mís]
carne (f) de vaca	տավարի միս	[tavarí mis]
conejo (m)	ճագար	[čagár]

salchichón (m)	երշիկ	[eršík]
salchicha (f)	նրբերշիկ	[nrberšík]
beicon (m)	բեկոն	[bekón]
jamón (m)	խոզապուխտ	[xozapúxt]
jamón (m) fresco	ազդր	[azdr]

paté (m)	պաշտետ	[paštét]
hígado (m)	լյարդ	[ljard]
carne (f) picada	աղացած միս	[aǧatsʰáts mis]
lengua (f)	լեզու	[lezú]

huevo (m)	ձու	[dzu]
huevos (m pl)	ձվեր	[dzver]
clara (f)	սպիտակուց	[spitakútsʰ]
yema (f)	դեղնուց	[deǧnútsʰ]

pescado (m)	ձուկ	[dzuk]
mariscos (m pl)	ծովամթերքներ	[tsovamtʰerkʰnér]
caviar (m)	ձկնկիթ	[dzknkitʰ]

cangrejo (m) de mar	ծովախեցգետին	[tsovaxetsʰgetín]
camarón (m)	մանր ծովախեցգետին	[mánr tsovaxetsʰgetín]
ostra (f)	ոստրե	[vostré]
langosta (f)	լանգուստ	[langúst]
pulpo (m)	ութոտնուկ	[utʰotnúk]
calamar (m)	կաղամար	[kaǧamár]

esturión (m)	թառափ	[tʰarápʰ]
salmón (m)	սաղման	[saǧmán]
fletán (m)	վահանաձուկ	[vahanadzúk]

bacalao (m)	ձողաձուկ	[dzoǧadzúk]
caballa (f)	թյունիկ	[tʰjuník]
atún (m)	թյունոս	[tʰjunnós]
anguila (f)	օձաձուկ	[odzadzúk]

trucha (f)	իշխան	[išxán]
sardina (f)	սարդինա	[sardína]
lucio (m)	գայլաձուկ	[gajladzúk]
arenque (m)	ծովատառեխ	[tsovataréx]

pan (m)	հաց	[hatsʰ]
queso (m)	պանիր	[panír]
azúcar (m)	շաքար	[šakʰár]
sal (f)	աղ	[aǧ]

arroz (m)	բրինձ	[brindz]
macarrones (m pl)	մակարոն	[makarón]
tallarines (m pl)	լափշա	[lapʰšá]

mantequilla (f)	սերուցքային կարագ	[serutsʰkʰajín karág]
aceite (m) vegetal	բուսական յուղ	[busakán júǧ]

| aceite (m) de girasol | արեւածաղկի ձեթ | [arevatsaġkí dzetʰ] |
| margarina (f) | մարգարին | [margarín] |

| olivas, aceitunas (f pl) | ձիթապտուղ | [zeytún] |
| aceite (m) de oliva | ձիթապտղի ձեթ | [dzitʰaptġí dzetʰ] |

leche (f)	կաթ	[katʰ]
leche (f) condensada	խտացրած կաթ	[χtatsʰráts kátʰ]
yogur (m)	յոգուրտ	[jogúrt]
nata (f) agria	թթվասեր	[tʰtʰvasér]
nata (f) líquida	սերուցք	[serútsʰkʰ]

| mayonesa (f) | մայոնեզ | [majonéz] |
| crema (f) de mantequilla | կրեմ | [krem] |

cereales (m pl) integrales	ձավար	[dzavár]
harina (f)	ալյուր	[aljúr]
conservas (f pl)	պահածոներ	[pahatsonér]

copos (m pl) de maíz	եգիպտացորենի փաթիլներ	[egiptatsʰorení pʰatʰilnér]
miel (f)	մեղր	[meġr]
confitura (f)	ջեմ	[dʒem]
chicle (m)	մաստակ	[masták]

53. Las bebidas

agua (f)	ջուր	[dʒur]
agua (f) potable	խմելու ջուր	[χmelú dʒur]
agua (f) mineral	հանքային ջուր	[hankʰajín dʒúr]

sin gas	առանց գազի	[arántsʰ gazí]
gaseoso (adj)	գազավորված	[gazavorváts]
con gas	գազով	[gazóv]
hielo (m)	սառույց	[sarújtsʰ]
con hielo	սառույցով	[sarutsʰóv]

sin alcohol	ոչ ալկոհոլային	[voč alkoholajín]
bebida (f) sin alcohol	ոչ ալկոհոլային ըմպելիք	[voč alkoholajín əmpelíkʰ]
refresco (m)	զովացուցիչ ըմպելիք	[zovatsʰutsʰíč əmpelíkʰ]
limonada (f)	լիմոնադ	[limonád]

bebidas (f pl) alcohólicas	ալկոհոլային խմիչքներ	[alkoholajín χmičkʰnér]
vino (m)	գինի	[giní]
vino (m) blanco	սպիտակ գինի	[spiták giní]
vino (m) tinto	կարմիր գինի	[karmír giní]

licor (m)	լիկյոր	[likjor]
champaña (f)	շամպայն	[šampájn]
vermú (m)	վերմուտ	[vérmut]

whisky (m)	վիսկի	[víski]
vodka (m)	օղի	[oɠí]
ginebra (f)	ջին	[ʤin]
coñac (m)	կոնյակ	[konják]
ron (m)	ռոմ	[rom]

café (m)	սուրճ	[surč]
café (m) solo	սև սուրճ	[sev surč]
café (m) con leche	կաթով սուրճ	[katʰóv súrč]
capuchino (m)	սերուցքով սուրճ	[serutsʰkʰóv surč]
café (m) soluble	լուծվող սուրճ	[lutsvóg súrč]

leche (f)	կաթ	[katʰ]
cóctel (m)	կոկտեյլ	[koktéjl]
batido (m)	կաթնային կոկտեյլ	[katʰnajín koktéjl]

zumo (m), jugo (m)	հյութ	[hjutʰ]
jugo (m) de tomate	տոմատի հյութ	[tomatí hjútʰ]
zumo (m) de naranja	նարնջի հյութ	[narnʤí hjutʰ]
zumo (m) fresco	թարմ քամված հյութ	[tʰarm kʰamváts hjutʰ]

cerveza (f)	գարեջուր	[gareʤúr]
cerveza (f) rubia	բաց գարեջուր	[batsʰ gareʤúr]
cerveza (f) negra	մուգ գարեջուր	[múg gareʤúr]

té (m)	թեյ	[tʰej]
té (m) negro	սև թեյ	[sev tʰej]
té (m) verde	կանաչ թեյ	[kanáč tʰej]

54. Las verduras

legumbres (f pl)	բանջարեղեն	[banʤareɠén]
verduras (f pl)	կանաչի	[kanačí]

tomate (m)	լոլիկ	[lolík]
pepino (m)	վարունգ	[varúng]
zanahoria (f)	գազար	[gazár]
patata (f)	կարտոֆիլ	[kartofíl]
cebolla (f)	սոխ	[soχ]
ajo (m)	սխտոր	[sχtor]

col (f)	կաղամբ	[kaɠámb]
coliflor (f)	ծաղկակաղամբ	[tsaɠkakaɠámb]
col (f) de Bruselas	բրյուսելյան կաղամբ	[brjuseljáne kaɠámb]
brócoli (m)	կաղամբ բրոկոլի	[kaɠámb brokóli]

remolacha (f)	բազուկ	[bazúk]
berenjena (f)	սմբուկ	[smbuk]
calabacín (m)	դդմիկ	[ddmik]
calabaza (f)	դդում	[ddum]

nabo (m)	շաղգամ	[šaġgám]
perejil (m)	մաղադանոս	[maġadanós]
eneldo (m)	սամիթ	[samítʰ]
lechuga (f)	սալաթ	[salátʰ]
apio (m)	նեխուր	[neχúr]
espárrago (m)	ծնեբեկ	[tsnebék]
espinaca (f)	սպինատ	[spinát]
guisante (m)	սիսեռ	[sisér]
habas (f pl)	լոբի	[lobí]
maíz (m)	եգիպտացորեն	[egiptatsʰorén]
fréjol (m)	լոբի	[lobí]
pimiento (m) dulce	պղպեղ	[pġpeġ]
rábano (m)	բողկ	[boġk]
alcachofa (f)	արտիճուկ	[artičúk]

55. Las frutas. Las nueces

fruto (m)	միրգ	[mirg]
manzana (f)	խնձոր	[χndzor]
pera (f)	տանձ	[tandz]
limón (m)	կիտրոն	[kitrón]
naranja (f)	նարինջ	[naríndʒ]
fresa (f)	ելակ	[elák]
mandarina (f)	մանդարին	[mandarín]
ciruela (f)	սալոր	[salór]
melocotón (m)	դեղձ	[deġdz]
albaricoque (m)	ծիրան	[tsirán]
frambuesa (f)	մորի	[morí]
piña (f)	արքայախնձոր	[arkʰajaχndzór]
banana (f)	բանան	[banán]
sandía (f)	ձմերուկ	[dzmerúk]
uva (f)	խաղող	[χaġóġ]
guinda (f)	բալ	[bal]
cereza (f)	կեռաս	[kerás]
melón (m)	սեխ	[seχ]
pomelo (m)	գրեյպֆրուտ	[grejpfrút]
aguacate (m)	ավոկադո	[avokádo]
papaya (f)	պապայա	[papája]
mango (m)	մանգո	[mángo]
granada (f)	նուռ	[nur]
grosella (f) roja	կարմիր հաղարջ	[karmír haġárdʒ]
grosella (f) negra	սև հաղարջ	[sév haġárdʒ]
grosella (f) espinosa	հաղարջ	[haġárdʒ]
arándano (m)	հապալաս	[hapalás]

zarzamoras (f pl)	մոշ	[moš]
pasas (f pl)	չամիչ	[čamíč]
higo (m)	թուզ	[tʰuz]
dátil (m)	արմավ	[armáv]

cacahuete (m)	գետնընկույզ	[getnənkújz]
almendra (f)	նուշ	[nuš]
nuez (f)	ընկույզ	[ənkújz]
avellana (f)	պնդուկ	[pnduk]
nuez (f) de coco	կոկոսի ընկույզ	[kokósi ənkújz]
pistachos (m pl)	պիստակ	[pisták]

56. El pan. Los dulces

pasteles (m pl)	հրուշակեղեն	[hrušakeǵén]
pan (m)	հաց	[hatsʰ]
galletas (f pl)	թխվածքաբլիթ	[tʰχvatskʰablítʰ]

chocolate (m)	շոկոլադ	[šokolád]
de chocolate (adj)	շոկոլադե	[šokoladé]
caramelo (m)	կոնֆետ	[konfét]
tarta (f) (pequeña)	հրուշակ	[hrušák]
tarta (f) (~ de cumpleaños)	տորթ	[tortʰ]

| tarta (f) (~ de manzana) | կարկանդակ | [karkandák] |
| relleno (m) | լցոն | [ltsʰon] |

confitura (f)	մուրաբա	[murabá]
mermelada (f)	մարմելադ	[marmelád]
gofre (m)	վաֆլի	[vaflí]
helado (m)	պաղպաղակ	[paǵpaǵák]

57. Las especias

sal (f)	աղ	[aǵ]
salado (adj)	աղի	[aǵí]
salar (vt)	աղ անել	[aǵ anél]

pimienta (f) negra	սև պղպեղ	[sev pǵpéǵ]
pimienta (f) roja	կարմիր պղպեղ	[karmír pǵpéǵ]
mostaza (f)	մանանեխ	[mananéχ]
rábano (m) picante	ծովաբողկ	[tsovabóǵk]

condimento (m)	համեմունք	[hamemúnkʰ]
especia (f)	համեմունք	[hamemúnkʰ]
salsa (f)	սոուս	[soús]
vinagre (m)	քացախ	[kʰatsʰáχ]
anís (m)	անիսոն	[anisón]

albahaca (f)	ռեհան	[rehán]
clavo (m)	մեխակ	[meχák]
jengibre (m)	իմբիր	[imbír]
cilantro (m)	գինձ	[gindz]
canela (f)	դարչին	[darčín]

sésamo (m)	քնջութ	[kʰndʒutʰ]
hoja (f) de laurel	դափնու տերև	[dapʰnú terév]
paprika (f)	պապրիկա	[páprika]
comino (m)	չաման	[čamán]
azafrán (m)	շաֆրան	[šafrán]

T&P BOOKS

LA INFORMACIÓN PERSONAL. LA FAMILIA

T&P Books Publishing

nombre (m)	անուն	[anún]
apellido (m)	ազգանուն	[azganún]
fecha (f) de nacimiento	ծննդյան ամսաթիվ	[tsnndján amsatʰív]
lugar (m) de nacimiento	ծննդավայր	[tsnndavájr]

nacionalidad (f)	ազգություն	[azgutʰjún]
domicilio (m)	բնակության վայրը	[bnakutʰján vájrə]
país (m)	երկիր	[erkír]
profesión (f)	մասնագիտություն	[masnagitʰjún]

sexo (m)	սեռ	[ser]
estatura (f)	հասակ	[hasák]
peso (m)	քաշ	[kʰaš]

madre (f)	մայր	[majr]
padre (m)	հայր	[hajr]
hijo (m)	որդի	[vordí]
hija (f)	դուստր	[dustr]

hija (f) menor	կրտսեր դուստր	[krtsér dústr]
hijo (m) menor	կրտսեր որդի	[krtsér vordí]
hija (f) mayor	ավագ դուստր	[avág dústr]
hijo (m) mayor	ավագ որդի	[avág vordí]

hermano (m)	եղբայր	[eǵbájr]
hermana (f)	քույր	[kʰujr]

mamá (f)	մայրիկ	[majrík]
papá (m)	հայրիկ	[hajrík]
padres (pl)	ծնողներ	[tsnoǵnér]
niño -a (m, f)	երեխա	[ereχá]
niños (pl)	երեխաներ	[ereχanér]
abuela (f)	տատիկ	[tatík]
abuelo (m)	պապիկ	[papík]
nieto (m)	թոռ	[tʰor]
nieta (f)	թոռնուհի	[tʰornuhí]
nietos (pl)	թոռներ	[tʰornér]
sobrino (m)	քրոջորդի, քրոջ աղջիկ	[kʰrodʒordí], [kʰrodʒ aǵdʒík]
sobrina (f)	եղբորորդի, եղբոր աղջիկ	[eǵborordí], [eǵbór aǵdʒík]

suegra (f)	զոքանչ	[zokʰánč]
suegro (m)	սկեսրայր	[skesrájr]
yerno (m)	փեսա	[pʰesá]
madrastra (f)	խորթ մայր	[xortʰ majr]
padrastro (m)	խորթ հայր	[xortʰ hajr]

niño (m) de pecho	ծծկեր երեխա	[tstskér ereχá]
bebé (m)	մանուկ	[manúk]
chico (m)	պստիկ	[pstik]

mujer (f)	կին	[kin]
marido (m)	ամուսին	[amusín]
esposo (m)	ամուսին	[amusín]
esposa (f)	կին	[kin]

casado (adj)	ամուսնացած	[amusnatsʰáts]
casada (adj)	ամուսնացած	[amusnatsʰáts]
soltero (adj)	ամուրի	[amurí]
soltero (m)	ամուրի	[amurí]
divorciado (adj)	ամուսնալուծված	[amusnalutsváts]
viuda (f)	այրի կին	[ajrí kin]
viudo (m)	այրի տղամարդ	[ajrí tǧamárd]

pariente (m)	ազգական	[azgakán]
pariente (m) cercano	մերձավոր ազգական	[merdzavór azgakán]
pariente (m) lejano	հեռավոր ազգական	[heravór azgakán]
parientes (pl)	հարազատներ	[harazatnér]

huérfano (m), huérfana (f)	որբ	[vorb]
tutor (m)	խնամակալ	[χnamakál]
adoptar (un niño)	որդեգրել	[vordegrél]
adoptar (una niña)	որդեգրել	[vordegrél]

60. Los amigos. Los compañeros del trabajo

amigo (m)	ընկեր	[ənkér]
amiga (f)	ընկերուհի	[ənkeruhí]
amistad (f)	ընկերություն	[ənkerutʰjún]
ser amigo	ընկերություն անել	[ənkerutʰjún anél]

amigote (m)	բարեկամ	[barekám]
amiguete (f)	բարեկամուհի	[barekamuhí]
compañero (m)	գործընկեր	[gortsənkér]

jefe (m)	շեֆ	[šef]
superior (m)	պետ	[pet]
subordinado (m)	ենթակա	[entʰaká]
colega (m, f)	գործընկեր	[gortsənkér]
conocido (m)	ծանոթ	[tsanótʰ]
compañero (m) de viaje	ուղեկից	[uǧekítsʰ]

condiscípulo (m)	համադասարանցի	[hamadasarantsʰí]
vecino (m)	հարևան	[hareván]
vecina (f)	հարևանուհի	[harevanuhí]
vecinos (pl)	հարևաններ	[harevannér]

EL CUERPO. LA MEDICINA

T&P Books Publishing

61. La cabeza

cabeza (f)	գլուխ	[glux]
cara (f)	երես	[erés]
nariz (f)	քիթ	[kʰitʰ]
boca (f)	բերան	[berán]

ojo (m)	աչք	[ačkʰ]
ojos (m pl)	աչքեր	[ačkʰér]
pupila (f)	բիբ	[bib]
ceja (f)	ունք	[unkʰ]
pestaña (f)	թարթիչ	[tʰartʰíč]
párpado (m)	կոպ	[kap]

lengua (f)	լեզու	[lezú]
diente (m)	ատամ	[atám]
labios (m pl)	շրթունքներ	[šrtʰunkʰnér]
pómulos (m pl)	այտոսկրեր	[ajtoskrér]
encía (f)	լինդ	[lind]
paladar (m)	քիմք	[kimkʰ]

ventanas (f pl)	քթածակեր	[kʰtʰatsakér]
mentón (m)	կզակ	[kzak]
mandíbula (f)	ծնոտ	[tsnot]
mejilla (f)	այտ	[ajt]

frente (f)	ճակատ	[čakát]
sien (f)	քունք	[kʰnerák]
oreja (f)	ականջ	[akándʒ]
nuca (f)	ծոծրակ	[tsotsrák]
cuello (m)	պարանոց	[paranótsʰ]
garganta (f)	կոկորդ	[kokórd]

pelo, cabello (m)	մազեր	[mazér]
peinado (m)	սանրվածք	[sanrvátskʰ]
corte (m) de pelo	սանրվածք	[sanrvátskʰ]
peluca (f)	կեղծամ	[keģtsám]

bigote (m)	բեղեր	[beģér]
barba (f)	մորուք	[morúkʰ]
tener (~ la barba)	կրել	[krel]
trenza (f)	հյուս	[hjus]
patillas (f pl)	այտամորուք	[ajtamorúkʰ]

pelirrojo (adj)	շիկահեր	[šikahér]
gris, canoso (adj)	ալեհեր	[alehér]

| calvo (adj) | ճաղատ | [čaġát] |
| calva (f) | ճաղատ | [čaġát] |

| cola (f) de caballo | պոչ | [poč] |
| flequillo (m) | մազափունջ | [mazapʰúndʒ] |

62. El cuerpo

| mano (f) | դաստակ | [dasták] |
| brazo (m) | թև | [tʰev] |

| dedo (m) | մատ | [mat] |
| dedo (m) pulgar | բութ մատ | [butʰ mát] |

| dedo (m) meñique | ճկույթ | [čkujtʰ] |
| uña (f) | եղունգ | [eġúng] |

puño (m)	բռունցք	[brunʦʰkʰ]
palma (f)	ափ	[apʰ]
muñeca (f)	դաստակ	[dasták]
antebrazo (m)	նախաբազուկ	[naχabazúk]

| codo (m) | արմունկ | [armúnk] |
| hombro (m) | ուս | [us] |

pierna (f)	ոտք	[votkʰ]
planta (f)	ոտնաթաթ	[votnatʰátʰ]
rodilla (f)	ծունկ	[ʦunk]
pantorrilla (f)	սրունք	[srunkʰ]

| cadera (f) | ազդր | [azdr] |
| talón (m) | կրունկ | [krunk] |

cuerpo (m)	մարմին	[marmín]
vientre (m)	փոր	[pʰor]
pecho (m)	կրծքավանդակ	[krʦkʰavandák]
seno (m)	կուրծք	[kurʦkʰ]
lado (m), costado (m)	կող	[koġ]
espalda (f)	մեջք	[medʒkʰ]

| zona (f) lumbar | գոտկատեղ | [gotkatéġ] |
| cintura (f), talle (m) | գոտկատեղ | [gotkatéġ] |

ombligo (m)	պորտ	[port]
nalgas (f pl)	նստատեղ	[nstatéġ]
trasero (m)	հետույք	[hetújkʰ]

lunar (m)	խալ	[χal]
tatuaje (m)	դաջվածք	[dadʒváʦkʰ]
cicatriz (f)	սպի	[spi]

63. Las enfermedades

enfermedad (f)	հիվանդություն	[hivanduthjún]
estar enfermo	հիվանդ լինել	[hivánd linél]
salud (f)	առողջություն	[aroģdʒuthjún]

resfriado (m) (coriza)	հարբուխ	[harbúχ]
angina (f)	անգինա	[angína]
resfriado (m)	մրսածություն	[mrsatsuthjún]
resfriarse (vr)	մրսել	[mrsel]

bronquitis (f)	բրոնխիտ	[bronχít]
pulmonía (f)	թոքերի բորբոքում	[thokherí borbokhúm]
gripe (f)	գրիպ	[grip]

miope (adj)	կարճատես	[karčatés]
présbita (adj)	հեռատես	[herahós]
estrabismo (m)	շլություն	[šluthjún]
estrábico (m) (adj)	շլացք	[šlačkh]
catarata (f)	կատարակտա	[katarákta]
glaucoma (m)	գլաուկոմա	[glaukóma]

insulto (m)	ուղեղի կաթված	[uģeģí kathváts]
ataque (m) cardiaco	ինֆարկտ	[infárkt]
infarto (m) de miocardio	սրտամկանի կաթված	[srtamkaní kathváts]
parálisis (f)	կաթված	[kathváts]
paralizar (vt)	կաթվածել	[kathvatsél]

alergia (f)	ալերգիա	[alergía]
asma (f)	աստմա	[asthmá]
diabetes (f)	շաքարախտ	[šakharáχt]

dolor (m) de muelas	ատամնացավ	[atamnatsháv]
caries (f)	կարիես	[karíes]

diarrea (f)	լույծ	[lujts]
estreñimiento (m)	փորկապություն	[phorkaputhjún]
molestia (f) estomacal	ստամոքսի խանգարում	[stamokhsí χangarúm]
envenenamiento (m)	թունավորում	[thunavorúm]
envenenarse (vr)	թունավորվել	[thunavorvél]

artritis (f)	հոդի բորբոքում	[hodí borbokhúm]
raquitismo (m)	ռախիտ	[raχít]
reumatismo (m)	հոդացավ	[hodatsháv]
ateroesclerosis (f)	աթերոսկլերոզ	[atheroskleróz]

gastritis (f)	գաստրիտ	[gastrít]
apendicitis (f)	ապենդիցիտ	[apenditshít]
colecistitis (f)	խոլեցիստիտ	[χoletshistít]
úlcera (f)	խոց	[χotsh]
sarampión (m)	կարմրուկ	[karmrúk]

rubeola (f)	կարմրախտ	[karmráχt]
ictericia (f)	դեղնախ	[değnáχ]
hepatitis (f)	հեպատիտ	[hepatít]

esquizofrenia (f)	շիզոֆրենիա	[šizofrenía]
rabia (f) (hidrofobia)	կատաղություն	[kataǵutʰjún]
neurosis (f)	նեվրոզ	[nevróz]
conmoción (f) cerebral	ուղեղի ցնցում	[uǵeǵí tsʰntsʰúm]

cáncer (m)	քաղցկեղ	[kʰaǵtskéǵ]
esclerosis (f)	կարծրախտ	[kartsráχt]
esclerosis (m) múltiple	գրված կարծրախտ	[tsʰrváts kartsráχt]

alcoholismo (m)	հարբեցողություն	[harbetsʰoǵutʰjún]
alcohólico (m)	հարբեցող	[harbetsʰóǵ]
sífilis (f)	սիֆիլիս	[sifilís]
SIDA (m)	ՁԻԱՀ	[dziáh]

tumor (m)	ուռուցք	[urútsʰkʰ]
maligno (adj)	չարորակ	[čarorák]
benigno (adj)	բարորակ	[barorák]

fiebre (f)	տենդ	[tend]
malaria (f)	մալարիա	[malaría]
gangrena (f)	փտախտ	[pʰtaχt]
mareo (m)	ծովային հիվանդություն	[tsovajín hivandutʰjún]
epilepsia (f)	ընկնավորություն	[ənknavorutʰjún]

epidemia (f)	համաճարակ	[hamačarák]
tifus (m)	տիֆ	[tif]
tuberculosis (f)	պալարախտ	[palaráχt]
cólera (f)	խոլերա	[χoléra]
peste (f)	ժանտախտ	[ʒantáχt]

64. Los síntomas. Los tratamientos. Unidad 1

síntoma (m)	նախանշան	[naχanšán]
temperatura (f)	ջերմաստիճան	[dʒermastičán]
fiebre (f)	բարձր ջերմաստիճան	[bárdzr dʒermastičán]
pulso (m)	զարկերակ	[zarkerák]

mareo (m) (vértigo)	գլխապտույտ	[glχaptújt]
caliente (adj)	տաք	[takʰ]
escalofrío (m)	դողէրոցք	[doğērótsʰkʰ]
pálido (adj)	գունատ	[gunát]

tos (f)	հազ	[haz]
toser (vi)	հազալ	[hazál]
estornudar (vi)	փռշտալ	[pʰrštal]
desmayo (m)	ուշագնացություն	[ušagnatsʰutʰjún]

desmayarse (vr)	ուշագնաց լինել	[ušagnáts^h linél]
moradura (f)	կապտուկ	[kaptúk]
chichón (m)	ուռուցք	[urúts^hk^h]
golpearse (vr)	խփվել	[χp^hvel]
magulladura (f)	վնասվածք	[vnasvátsk^h]
magullarse (vr)	վնասվածք ստանալ	[vnasvátsk^h stanál]

cojear (vi)	կաղալ	[kaġál]
dislocación (f)	հոդախախտում	[hodaχaχtúm]
dislocar (vt)	հոդախախտել	[hodaχaχtél]
fractura (f)	կոտրվածք	[kotrvátsk^h]
tener una fractura	կոտրվածք ստանալ	[kotrvátsk^h stanál]

corte (m) (tajo)	կտրված վերք	[ktrvats verk^h]
cortarse (vr)	կտրել	[ktrel]
hemorragia (f)	արյունահոսություն	[arjunahosut^hjún]

| quemadura (f) | այրվածք | [ajrvátsk^h] |
| quemarse (vr) | այրվել | [ajrvél] |

pincharse (~ el dedo)	ծակել	[tsakél]
pincharse (vr)	ծակել	[tsakél]
herir (vt)	վնասել	[vnasél]
herida (f)	վնասվածք	[vnasvátsk^h]
lesión (f) (herida)	վերք	[verk^h]
trauma (m)	վնասվածք	[vnasvátsk^h]

delirar (vi)	զառանցել	[zarants^hél]
tartamudear (vi)	կակազել	[kakazél]
insolación (f)	արևահարություն	[arevaharut^hjún]

65. Los síntomas. Los tratamientos. Unidad 2

| dolor (m) | ցավ | [ts^hav] |
| astilla (f) | փուշ | [p^huš] |

sudor (m)	քրտինք	[krtink^h]
sudar (vi)	քրտնել	[k^hrtnel]
vómito (m)	փսխում	[p^hsχum]
convulsiones (f pl)	ջղաձգություն	[dʒġadzgut^hjún]

embarazada (adj)	հղի	[hġi]
nacer (vi)	ծնվել	[tsnvel]
parto (m)	ծննդաբերություն	[tsnndaberut^hjún]
dar a luz	ծննդաբերել	[tsnndaberél]
aborto (m)	աբորտ	[abórt]

respiración (f)	շնչառություն	[šnčarut^hjún]
inspiración (f)	ներշնչում	[neršnčúm]
espiración (f)	արտաշնչում	[artašnčúm]

espirar (vi)	արտաշնչել	[artašnčél]
inspirar (vi)	շնչել	[šnčel]
inválido (m)	հաշմանդամ	[hašmandám]
mutilado (m)	խեղանդամ	[χeɡandám]
drogadicto (m)	թմրամոլ	[tʰmramól]
sordo (adj)	խուլ	[χul]
mudo (adj)	համր	[hamr]
sordomudo (adj)	խուլ ու համր	[χúl u hámr]
loco (adj)	խենթ	[χentʰ]
volverse loco	խենթանալ	[χentʰanál]
gen (m)	գեն	[gen]
inmunidad (f)	իմունիտետ	[imunitét]
hereditario (adj)	ժառանգական	[ʒarangakán]
de nacimiento (adj)	բնածին	[bnatsín]
virus (m)	վարակ	[varák]
microbio (m)	մանրէ	[manré]
bacteria (f)	բակտերիա	[baktéria]
infección (f)	վարակ	[varák]

66. Los síntomas. Los tratamientos. Unidad 3

hospital (m)	հիվանդանոց	[hivandanótsʰ]
paciente (m)	հիվանդ	[hivánd]
diagnosis (f)	ախտորոշում	[aχtorošúm]
cura (f)	կազդուրում	[kazdurúm]
tratamiento (m)	բուժում	[buʒúm]
curarse (vr)	բուժվել	[buʒvél]
tratar (vt)	բուժել	[buʒél]
cuidar (a un enfermo)	խնամել	[χnamél]
cuidados (m pl)	խնամք	[χnamkʰ]
operación (f)	վիրահատություն	[virahatutʰjún]
vendar (vt)	վիրակապել	[virakapél]
vendaje (m)	վիրակապում	[virakapúm]
vacunación (f)	պատվastում	[patvastúm]
vacunar (vt)	պատվastում անել	[patvastúm anél]
inyección (f)	ներարկում	[nerarkúm]
aplicar una inyección	ներարկել	[nerarkél]
ataque (m)	նոպա	[nópa]
amputación (f)	անդամահատություն	[andamahatutʰjún]
amputar (vt)	անդամահատել	[andamahatél]
coma (m)	կոմա	[kóma]

estar en coma	կոմայի մեջ գտնվել	[komají médʒ ənknél]
revitalización (f)	վերակենդանացում	[verakendanatsʰúm]
recuperarse (vr)	ապաքինվել	[apakʰinvél]
estado (m) (de salud)	վիճակ	[vičák]
consciencia (f)	գիտակցություն	[gitaktsʰutʰjún]
memoria (f)	հիշողություն	[hišoǧutʰjún]
extraer (un diente)	հեռացնել	[heratsʰnél]
empaste (m)	պլոմբ	[plomb]
empastar (vt)	ատամը լցնել	[atámə ltsʰnél]
hipnosis (f)	հիպնոս	[hipnós]
hipnotizar (vt)	հիպնոսացնել	[hipnosatsʰnél]

67. La medicina. Las drogas. Los accesorios

medicamento (m), droga (f)	դեղ	[deǧ]
remedio (m)	դեղամիջոց	[deǧamidʒótsʰ]
prescribir (vt)	դուրս գրել	[durs grél]
receta (f)	դեղատոմս	[deǧatóms]
tableta (f)	հաբ	[hab]
ungüento (m)	քսուք	[ksukʰ]
ampolla (f)	ամպուլ	[ampúl]
mixtura (f), mezcla (f)	հեղուկ դեղախառնուրդ	[heǧúk dexaǧarnúrd]
sirope (m)	օշարակ	[ošarák]
píldora (f)	հաբ	[hab]
polvo (m)	փոշի	[pʰoší]
venda (f)	վիրակապ ժապավեն	[virakáp ʒapavén]
algodón (m) (discos de ~)	բամբակ	[bambák]
yodo (m)	յոդ	[jod]
tirita (f), curita (f)	սպեղանի	[speǧaní]
pipeta (f)	պիպետկա	[pipétka]
termómetro (m)	ջերմաչափ	[dʒermačápʰ]
jeringa (f)	ներարկիչ	[nerarkíč]
silla (f) de ruedas	սայլակ	[sajlák]
muletas (f pl)	հենակներ	[henaknér]
anestésico (m)	ցավազրկող	[tsʰavazrkóǧ]
purgante (m)	լուծողական	[lutsoǧakán]
alcohol (m)	սպիրտ	[spirt]
hierba (f) medicinal	խոտաբույս	[xotabújs]
de hierbas (té ~)	խոտաբուսային	[xotabusajín]

EL APARTAMENTO

T&P Books Publishing

68. El apartamento

apartamento (m)	բնակարան	[bnakarán]
habitación (f)	սենյակ	[senják]
dormitorio (m)	ննջարան	[nndʒarán]
comedor (m)	ճաշասենյակ	[čašasenják]
salón (m)	հյուրասենյակ	[hjurasenják]
despacho (m)	աշխատասենյակ	[ašχatasenják]
antecámara (f)	նախասենյակ	[naχasenják]
cuarto (m) de baño	լոգարան	[logarán]
servicio (m)	զուգարան	[zugarán]
techo (m)	առաստաղ	[arastáǵ]
suelo (m)	հատակ	[haták]
rincón (m)	անկյուն	[ankjún]

69. Los muebles. El interior

muebles (m pl)	կահույք	[kahújkʰ]
mesa (f)	սեղան	[seǵán]
silla (f)	աթոռ	[atʰór]
cama (f)	մահճակալ	[mahčakál]
sofá (m)	բազմոց	[bazmótsʰ]
sillón (m)	բազկաթոռ	[bazkatʰór]
librería (f)	գրապահարան	[grapaharán]
estante (m)	դարակ	[darák]
armario (m)	պահարան	[paharán]
percha (f)	կախարան	[kaχarán]
perchero (m) de pie	կախոց	[kaχótsʰ]
cómoda (f)	կոմոդ	[komód]
mesa (f) de café	սեղանիկ	[seǵaník]
espejo (m)	հայելի	[hajelí]
tapiz (m)	գորգ	[gorg]
alfombra (f)	փոքր գորգ	[pʰokʰr gorg]
chimenea (f)	բուխարի	[buχarí]
vela (f)	մոմ	[mom]
candelero (m)	մոմակալ	[momakál]
cortinas (f pl)	վարագույր	[varagújr]

| empapelado (m) | պաստառ | [pastár] |
| estor (m) de láminas | շերտավարագույր | [šertavaragújr] |

lámpara (f) de mesa	սեղանի լամպ	[seǵaní lámp]
aplique (m)	ջահ	[dʒah]
lámpara (f) de pie	ձողաջah	[dzoǵadʒáh]
lámpara (f) de araña	ջահ	[dʒah]

pata (f) (~ de la mesa)	ոտիկ	[totík]
brazo (m)	արմնկակալ	[armnkakál]
espaldar (m)	թիկնակ	[tʰiknák]
cajón (m)	դարակ	[darák]

70. Los accesorios de cama

ropa (f) de cama	սպիտակեղեն	[spitakeǵén]
almohada (f)	բարձ	[bardz]
funda (f)	բարձի երես	[bardzí erés]
manta (f)	վերմակ	[vermák]
sábana (f)	սավան	[saván]
sobrecama (f)	ծածկոց	[tsatskótsʰ]

71. La cocina

cocina (f)	խոհանոց	[χohanótsʰ]
gas (m)	գազ	[gaz]
cocina (f) de gas	գազօջախ	[gazodʒáχ]
cocina (f) eléctrica	էլեկտրական սալօջախ	[ēlektrakán salodʒáχ]
horno (m)	ջեռոց	[dʒerótsʰ]
horno (m) microondas	միկրոալիքային վառարան	[mikroalikʰajín vararán]

frigorífico (m)	սառնարան	[sarnarán]
congelador (m)	սառնախցիկ	[sarnaχtsʰík]
lavavajillas (m)	աման լվացող մեքենա	[amán lvatsʰóǵ mekʰená]

picadora (f) de carne	մսաղաց	[msaǵátsʰ]
exprimidor (m)	հյութքամիչ	[hjutʰakʰamíč]
tostador (m)	տոստեր	[tostér]
batidora (f)	հարիչ	[haríč]

cafetera (f) (aparato de cocina)	սրճեփ	[srčepʰ]
cafetera (f) (para servir)	սրճաման	[srčamán]
molinillo (m) de café	սրճաղաց	[srčaǵátsʰ]

| hervidor (m) de agua | թեյնիկ | [tʰejník] |
| tetera (f) | թեյաման | [tʰejamán] |

tapa (f)	կափարիչ	[kapʰaríč]
colador (m) de té	թեյքամիչ	[tʰejkʰamíč]

cuchara (f)	գդալ	[gdal]
cucharilla (f)	թեյի գդալ	[tʰeji gdal]
cuchara (f) de sopa	ճաշի գդալ	[čaši gdal]
tenedor (m)	պատառաքաղ	[patarakʰáġ]
cuchillo (m)	դանակ	[danák]

vajilla (f)	սպասք	[spaskʰ]
plato (m)	ափսե	[apʰsé]
platillo (m)	պնակ	[pnak]

vaso (m) de chupito	ըմպանակ	[əmpanák]
vaso (m) (~ de agua)	բաժակ	[baʒák]
taza (f)	բաժակ	[baʒák]

azucarera (f)	շաքարաման	[šakʰaramán]
salero (m)	աղաման	[aġamán]
pimentero (m)	պղպեղաման	[pġpeġamán]
mantequera (f)	կարագի աման	[karagí amán]

cacerola (f)	կաթսա	[katʰsá]
sartén (f)	թավա	[tʰavá]
cucharón (m)	շերեփ	[šerépʰ]
colador (m)	քամիչ	[kʰamíč]
bandeja (f)	սկուտեղ	[skutéġ]

botella (f)	շիշ	[šiš]
tarro (m) de vidrio	բանկա	[banká]
lata (f)	տարա	[tará]

abrebotellas (m)	բացիչ	[batsʰíč]
abrelatas (m)	բացիչ	[batsʰíč]
sacacorchos (m)	խցանահան	[χtsʰanahán]
filtro (m)	զտիչ	[ztič]
filtrar (vt)	զտել	[ztel]

basura (f)	աղբ	[aġb]
cubo (m) de basura	աղբի դույլ	[aġbi dújl]

72. El baño

cuarto (m) de baño	լոգարան	[logarán]
agua (f)	ջուր	[dʒur]
grifo (m)	ծորակ	[tsorák]
agua (f) caliente	տաք ջուր	[takʰ dʒur]
agua (f) fría	սառը ջուր	[sárə dʒur]
pasta (f) de dientes	ատամի մածուկ	[atamí matsúk]
limpiarse los dientes	ատամներ մաքրել	[atamnérə makʰrél]

afeitarse (vr)	սափրվել	[sapʰrvél]
espuma (f) de afeitar	սափրվելու փրփուր	[sapʰrvelú prpur]
maquinilla (f) de afeitar	ածելի	[atselí]

lavar (vt)	լվանալ	[lvanál]
darse un baño	լվացվել	[lvatsʰvél]
ducha (f)	ցնցուղ	[tsʰntsʰúǵ]
darse una ducha	դուշ ընդունել	[dúš əndunél]

bañera (f)	լողարան	[loǵarán]
inodoro (m)	զուգարանակոնք	[zugaranakónkʰ]
lavabo (m)	լվացարան	[lvatsʰarán]

| jabón (m) | օճառ | [očár] |
| jabonera (f) | օճառաման | [očaramán] |

esponja (f)	սպունգ	[spung]
champú (m)	շամպուն	[šampún]
toalla (f)	սրբիչ	[srbič]
bata (f) de baño	խալաթ	[χalátʰ]

colada (f), lavado (m)	լվացք	[lvatsʰkʰ]
lavadora (f)	լվացքի մեքենա	[lvatsʰkʰí mekená]
lavar la ropa	սպիտակեղեն լվալ	[spitakeǵén lvál]
detergente (m) en polvo	լվացքի փոշի	[lvatsʰkʰí pʰošǐ]

73. Los aparatos domésticos

televisor (m)	հեռուստացույց	[herustatsʰújtsʰ]
magnetófono (m)	մագնիտոֆոն	[magnitofón]
vídeo (m)	տեսամագնիտոֆոն	[tesamagnitofón]
radio (m)	ընդունիչ	[ənduníč]
reproductor (m) (~ MP3)	նվագարկիչ	[nvagarkíč]

proyector (m) de vídeo	տեսապրոյեկտոր	[tesaproektór]
sistema (m) home cinema	տնային կինոթատրոն	[tʰnajín kinotʰatrón]
reproductor (m) de DVD	DVD նվագարկիչ	[dividí nvagarkíč]
amplificador (m)	ուժեղացուցիչ	[uʒeǵatsʰutsʰíč]
videoconsola (f)	խաղային համակարգիչ	[χaǵajín hamakargíč]

cámara (f) de vídeo	տեսախցիկ	[tesaχtsʰík]
cámara (f) fotográfica	լուսանկարչական ապարատ	[lusankarčakán aparát]
cámara (f) digital	թվային լուսանկարչական ապարատ	[tʰvajín lusankarčakán aparát]

aspirador (m), aspiradora (f)	փոշեկուլ	[pʰošekúl]
plancha (f)	արդուկ	[ardúk]
tabla (f) de planchar	արդուկի տախտակ	[ardukí taχták]
teléfono (m)	հեռախոս	[heraχós]

teléfono (m) móvil	բջջային հեռախոս	[bdʒdʒajín heraχós]
máquina (f) de escribir	տպող մեքենա	[tpóg mekʰená]
máquina (f) de coser	կարի մեքենա	[kʰarí mekʰená]
micrófono (m)	միկրոֆոն	[mikrofón]
auriculares (m pl)	ականջակալեր	[akandʒakalnér]
mando (m) a distancia	հեռակառավարման վահանակ	[herakaravarmán vahanák]
CD (m)	խտասկավառակ	[χtaskavarák]
casete (m)	ձայներիզ	[dzajneríz]
disco (m) de vinilo	սկավառակ	[skavarák]

LA TIERRA. EL TIEMPO

T&P Books Publishing

cosmos (m)	տիեզերք	[tiezérkʰ]
espacial, cósmico (adj)	տիեզերական	[tiezerakán]
espacio (m) cósmico	տիեզերական տարածություն	[tiezerakán taratsutʰjún]

mundo (m)	աշխարհ	[ašχárh]
universo (m)	տիեզերք	[tiezérkʰ]
galaxia (f)	գալակտիկա	[galáktika]

estrella (f)	աստղ	[astǵ]
constelación (f)	համաստեղություն	[hamasteǵutʰjún]
planeta (m)	մոլորակ	[molorák]
satélite (m)	արբանյակ	[arbanják]

meteorito (m)	երկնաքար	[erknakʰár]
cometa (m)	գիսաստղ	[gisástǵ]
asteroide (m)	աստղակերպ	[astǵakérp]

órbita (f)	ուղեծիր	[uǵetsír]
girar (vi)	պտտվել	[ptətvél]
atmósfera (f)	մթնոլորտ	[mtʰnolórt]

Sol (m)	արեգակ	[aregák]
sistema (m) solar	արեգակնային համակարգ	[aregaknajín hamakárg]
eclipse (m) de Sol	արևի խավարում	[areví χavarúm]

Tierra (f)	Երկիր	[erkír]
Luna (f)	Լուսին	[lusín]

Marte (m)	Մարս	[mars]
Venus (f)	Վեներա	[venéra]
Júpiter (m)	Յուպիտեր	[jupíter]
Saturno (m)	Սատուրն	[satúrn]

Mercurio (m)	Մերկուրի	[merkúri]
Urano (m)	Ուրան	[urán]
Neptuno (m)	Նեպտուն	[neptún]
Plutón (m)	Պլուտոն	[plutón]

la Vía Láctea	Կաթնածիր	[katʰnatsír]
la Osa Mayor	Մեծ Արջ	[mets ardʒ]
la Estrella Polar	Բևեռային Աստղ	[beverajín ástǵ]
marciano (m)	Մարսի բնակիչ	[marsí bnakíč]

extraterrestre (m)	այլմոլորակային	[ajlmolorakajín]
planetícola (m)	եկվոր	[ekvór]
platillo (m) volante	թռչող ափսե	[tʰrčóǵ apʰsé]
nave (f) espacial	տիեզերանավ	[tiezeragnáts]
estación (f) orbital	ուղեծրային կայան	[uǵetsrajín kaján]
despegue (m)	մեկնատրիչք	[meknatʰríčkʰ]
motor (m)	շարժիչ	[šarʒíč]
tobera (f)	փողերը	[pʰoǵélkʰ]
combustible (m)	վառելիք	[varelíkʰ]
carlinga (f)	խցիկ	[xʦʰik]
antena (f)	ալեհավաք	[alehavákʰ]
ventana (f)	իլյումինատոր	[iljuminátor]
batería (f) solar	արևային մարտկոց	[arevajín martkótsʰ]
escafandra (f)	սկաֆանդր	[skafándr]
ingravidez (f)	անկշռություն	[ankšrutʰjún]
oxígeno (m)	թթվածին	[tʰtʰvatsín]
atraque (m)	միակցում	[miaktsʰúm]
realizar el atraque	միակցում կատարել	[miaktsʰúm katarél]
observatorio (m)	աստղադիտարան	[astǵaditarán]
telescopio (m)	աստղադիտակ	[astǵaditák]
observar (vt)	հետևել	[hetevél]
explorar (~ el universo)	հետազոտել	[hetazotél]

75. La tierra

Tierra (f)	Երկիր	[erkír]
globo (m) terrestre	երկրագունդ	[erkragúnd]
planeta (m)	մոլորակ	[molorák]
atmósfera (f)	մթնոլորտ	[mtʰnolórt]
geografía (f)	աշխարհագրություն	[ašxarhagrutʰjún]
naturaleza (f)	բնություն	[bnutʰjún]
globo (m) terráqueo	գլոբուս	[globús]
mapa (m)	քարտեզ	[kʰartéz]
atlas (m)	ատլաս	[atlás]
Europa (f)	Եվրոպա	[evrópa]
Asia (f)	Ասիա	[ásia]
África (f)	Աֆրիկա	[áfrika]
Australia (f)	Ավստրալիա	[avstrália]
América (f)	Ամերիկա	[amérika]
América (f) del Norte	Հյուսիսային Ամերիկա	[hjusisajín amérika]

América (f) del Sur	Հարավային Ամերիկա	[haravajín amérika]
Antártida (f)	Անտարկտիդա	[antarktída]
Ártico (m)	Արկտիկա	[árktika]

76. Los puntos cardinales

norte (m)	հյուսիս	[hjusís]
al norte	դեպի հյուսիս	[depí hjusís]
en el norte	հյուսիսում	[hjusisúm]
del norte (adj)	հյուսիսային	[hjusisajín]

sur (m)	հարավ	[haráv]
al sur	դեպի հարավ	[depí haráv]
en el sur	հարավում	[haravúm]
del sur (adj)	հարավային	[haravajín]

oeste (m)	արևմուտք	[arevmútkʰ]
al oeste	դեպի արևմուտք	[depí arevmútkʰ]
en el oeste	արևմուտքում	[arevmutkʰúm]
del oeste (adj)	արևմտյան	[arevmtján]

este (m)	արևելք	[arevélkʰ]
al este	դեպի արևելք	[depí arevélkʰ]
en el este	արևելքում	[arevelkʰúm]
del este (adj)	արևելյան	[arevelján]

77. El mar. El océano

mar (m)	ծով	[tsov]
océano (m)	օվկիանոս	[ovkianós]
golfo (m)	ծոց	[tsotsʰ]
estrecho (m)	նեղուց	[neġútsʰ]

tierra (f) firme	ցամաք	[tsʰamákʰ]
continente (m)	մայրցամաք	[majrtsʰamákʰ]
isla (f)	կղզի	[kġzi]
península (f)	թերակղզի	[tʰerakġzí]
archipiélago (m)	արշիպելագ	[aršipelág]

bahía (f)	ծովախորշ	[tsovaχórš]
ensenada, bahía (f)	նավահանգիստ	[navahangíst]
laguna (f)	ծովալճակ	[tsovalčák]
cabo (m)	հրվանդան	[hrvandán]

atolón (m)	ատոլ	[atól]
arrecife (m)	խութ	[χutʰ]
coral (m)	մարջան	[mardʒán]
arrecife (m) de coral	մարջանախութ	[mardʒanaχútʰ]

profundo (adj)	խորը	[xórə]
profundidad (f)	խորություն	[xorutʰjún]
abismo (m)	անդունդ	[andúnd]
fosa (f) oceánica	ծովախորշ	[tsovaxórš]

| corriente (f) | հոսանք | [hosánkʰ] |
| bañar (rodear) | ողողել | [voġoġél] |

| orilla (f) | ափ | [apʰ] |
| costa (f) | ծովափ | [tsovápʰ] |

flujo (m)	մակընթացություն	[makəntʰatsʰutʰjún]
reflujo (m)	տեղատվություն	[teġatvutʰjún]
banco (m) de arena	արափնյա ծանծաղուտ	[arapʰnjá tsantsaġút]
fondo (m)	հատակ	[haták]

ola (f)	ալիք	[alíkʰ]
cresta (f) de la ola	ալիքի կատար	[alikʰí katár]
espuma (f)	փրփուր	[pʰrpʰur]

tempestad (f)	փոթորիկ	[pʰotʰorík]
huracán (m)	մրրիկ	[mrrik]
tsunami (m)	ցունամի	[tsʰunámi]
bonanza (f)	խաղաղություն	[xaġaġutʰjún]
calmo, tranquilo	հանգիստ	[hangíst]

| polo (m) | բևեռ | [bevér] |
| polar (adj) | բևեռային | [beverajín] |

latitud (f)	լայնություն	[lajnutʰjún]
longitud (f)	երկարություն	[erkarutʰjún]
paralelo (m)	զուգահեռական	[zugaherakán]
ecuador (m)	հասարակած	[hasarakáts]

cielo (m)	երկինք	[erkínkʰ]
horizonte (m)	հորիզոն	[horizón]
aire (m)	օդ	[od]

faro (m)	փարոս	[pʰarós]
bucear (vi)	սուզվել	[suzvél]
hundirse (vr)	խորտակվել	[xortakvél]
tesoros (m pl)	գանձեր	[gandzér]

78. Los nombres de los mares y los océanos

océano (m) Atlántico	Ատլանտյան օվկիանոս	[atlantján ovkianós]
océano (m) Índico	Հնդկական օվկիանոս	[hndkakán ovkianós]
océano (m) Pacífico	Խաղաղ օվկիանոս	[xaġáġ ovkianós]
océano (m) Glacial Ártico	Հյուսիսային Սառուցյալ օվկիանոս	[hjusisajín sarutsʰjál ovkianós]

167

mar (m) Negro	Սև ծով	[sev tsov]
mar (m) Rojo	Կարմիր ծով	[karmír tsóv]
mar (m) Amarillo	Դեղին ծով	[degín tsov]
mar (m) Blanco	Սպիտակ ծով	[spiták tsóv]

mar (m) Caspio	Կասպից ծով	[kaspítsʰ tsov]
mar (m) Muerto	Մեռյալ ծով	[merjál tsov]
mar (m) Mediterráneo	Միջերկրական ծով	[midʒerkrakán tsov]

mar (m) Egeo	Էգեյան ծով	[ēgeján tsov]
mar (m) Adriático	Ադրիատիկ ծով	[adriatík tsov]

mar (m) Arábigo	Արաբական ծով	[arabakán tsov]
mar (m) del Japón	Ճապոնական ծով	[čaponakán tsov]
mar (m) de Bering	Բերինգի ծով	[beringí tsóv]
mar (m) de la China Meridional	Արևելա-Չինական ծով	[arevelá činakán tsov]

mar (m) del Coral	Կորալյան ծով	[koralján tsov]
mar (m) de Tasmania	Տասմանյան ծով	[tasmanján tsov]
mar (m) Caribe	Կարիբյան ծով	[karibján tsóv]

mar (m) de Barents	Բարենցյան ծով	[barentsʰján tsóv]
mar (m) de Kara	Կարսի ծով	[karsí tsóv]

mar (m) del Norte	Հյուսիսային ծով	[hjusisajín tsóv]
mar (m) Báltico	Բալթիկ ծով	[baltʰík tsov]
mar (m) de Noruega	Նորվեգյան ծով	[norvegján tsóv]

79. Las montañas

montaña (f)	լեռ	[ler]
cadena (f) de montañas	լեռնաշղթա	[lernašgtʰá]
cresta (f) de montañas	լեռնագագաթ	[lernagagátʰ]

cima (f)	գագաթ	[gagátʰ]
pico (m)	լեռնագագաթ	[lernagagátʰ]
pie (m)	ստորոտ	[storót]
cuesta (f)	սարալանջ	[saralándʒ]

volcán (m)	հրաբուխ	[hrabúx]
volcán (m) activo	գործող հրաբուխ	[gortsóg hrabúx]
volcán (m) apagado	հանգած հրաբուխ	[hangáts hrabúx]

erupción (f)	ժայթքում	[ʒajtʰkʰúm]
cráter (m)	խառնարան	[xarnarán]
magma (m)	մագմա	[mágma]
lava (f)	լավա	[láva]
fundido (lava ~a)	շիկացած	[šikatsʰáts]
cañón (m)	խնձահովիտ	[xndzahovít]

| desfiladero (m) | կիրճ | [kirč] |
| grieta (f) | նեղ կիրճ | [neġ kirč] |

puerto (m) (paso)	լեռնանցք	[lernántsʰkʰ]
meseta (f)	սարահարթ	[sarahártʰ]
roca (f)	ժայռ	[ʒajr]
colina (f)	բլուր	[blur]

glaciar (m)	սառցադաշտ	[sartsʰadášt]
cascada (f)	ջրվեժ	[dʒrveʒ]
geiser (m)	գեյզեր	[géjzer]
lago (m)	լիճ	[lič]

llanura (f)	հարթավայր	[hartʰavájr]
paisaje (m)	բնատեսարան	[bnatesarán]
eco (m)	արձագանք	[ardzagánkʰ]

alpinista (m)	լեռնագնաց	[lernagnátsʰ]
escalador (m)	ժայռամագլցող	[ʒajramagltsʰóg]
conquistar (vt)	գերել	[gerél]
ascensión (f)	վերելք	[verélkʰ]

80. Los nombres de las montañas

Alpes (m pl)	Ալպեր	[alpér]
Montblanc (m)	Մոնբլան	[monblán]
Pirineos (m pl)	Պիրինեյներ	[pirinejnér]

Cárpatos (m pl)	Կարպատներ	[karpatnér]
Urales (m pl)	Ուրալյան լեռներ	[uralján lernér]
Cáucaso (m)	Կովկաս	[kovkás]
Elbrus (m)	Էլբրուս	[ēlbrús]

Altai (m)	Ալտայ	[altáj]
Tian-Shan (m)	Տյան Շան	[tjan šan]
Pamir (m)	Պամիր	[pamír]
Himalayos (m pl)	Հիմալայներ	[himalajnér]
Everest (m)	Էվերեստ	[ēverést]

| Andes (m pl) | Անդեր | [andér] |
| Kilimanjaro (m) | Կիլիմանջարո | [kilimandʒáro] |

81. Los ríos

río (m)	գետ	[get]
manantial (m)	աղբյուր	[aġbjúr]
lecho (m) (curso de agua)	հուն	[hun]
cuenca (f) fluvial	ջրավազան	[dʒravazán]

desembocar en ...	թափվել	[tʰapʰvél]
afluente (m)	վտակ	[vtak]
ribera (f)	ափ	[apʰ]

corriente (f)	հոսանք	[hosánkʰ]
río abajo (adv)	հոսանքն ի վայր	[hosánkʰn í vájr]
río arriba (adv)	հոսանքն ի վեր	[hosánkʰn í vér]

inundación (f)	հեղեղում	[heǵeǵúm]
riada (f)	վարարություն	[vararutʰjún]
desbordarse (vr)	վարարել	[vararél]
inundar (vt)	հեղեղել	[heǵeǵél]

| bajo (m) arenoso | ծանծաղուտ | [tsantsaǵút] |
| rápido (m) | սահանք | [sahánkʰ] |

presa (f)	ամբարտակ	[ambarták]
canal (m)	ջրանցք	[dʒrántsʰkʰ]
lago (m) artificiale	ջրամբար	[dʒrambár]
esclusa (f)	ջրագելակ	[dʒragelák]

cuerpo (m) de agua	ջրվազան	[dʒravazán]
pantano (m)	ճահիճ	[čahíč]
ciénaga (f)	ճահճուտ	[čahčút]
remolino (m)	հորձանուտ	[hordzanút]

arroyo (m)	առու	[arú]
potable (adj)	խմելու	[χmelú]
dulce (agua ~)	քաղցրահամ	[kʰaǵtsʰrahám]

| hielo (m) | սառույց | [sarújtsʰ] |
| helarse (el lago, etc.) | սառչել | [sarčél] |

82. Los nombres de los ríos

| Sena (m) | Սենա | [séna] |
| Loira (m) | Լուարա | [luára] |

Támesis (m)	Թեմզա	[tʰémza]
Rin (m)	Ռեյն	[rejn]
Danubio (m)	Դունայ	[dunáj]

Volga (m)	Վոլգա	[vólga]
Don (m)	Դոն	[don]
Lena (m)	Լենա	[léna]

Río (m) Amarillo	Խուանխե	[χuanχé]
Río (m) Azul	Յանցզի	[jantsʰzə]
Mekong (m)	Մեկոնգ	[mekóng]
Ganges (m)	Գանգես	[gangés]

Nilo (m)	Նեղոս	[negós]
Congo (m)	Կոնգո	[kóngo]
Okavango (m)	Օկավանգո	[okavángo]
Zambeze (m)	Զամբեզի	[zambézi]
Limpopo (m)	Լիմպոպո	[limpopó]
Misisipi (m)	Միսիսիպի	[misisipí]

83. El bosque

bosque (m)	անտառ	[antár]
de bosque (adj)	անտառային	[antarajín]

espesura (f)	թավուտ	[tʰavút]
bosquecillo (m)	պուրակ	[purák]
claro (m)	բացատ	[batsʰát]

maleza (f)	մացառուտ	[matsʰarút]
matorral (m)	թփուտ	[tʰpʰut]

senda (f)	կածան	[katsán]
barranco (m)	ձորակ	[dzorák]

árbol (m)	ծառ	[tsar]
hoja (f)	տերև	[terév]
follaje (m)	տերևներ	[terevnér]

caída (f) de hojas	տերևաթափ	[terevatʰápʰ]
caer (las hojas)	թափվել	[tʰapʰvél]
cima (f)	կատար	[katár]

rama (f)	ճյուղ	[čjuǵ]
rama (f) (gruesa)	ոստ	[vost]
brote (m)	բողբոջ	[boǵbódʒ]
aguja (f)	փուշ	[pʰuš]
piña (f)	եղունդ	[elúnd]

agujero (m)	փչակ	[pʰčak]
nido (m)	բույն	[bujn]

tronco (m)	բուն	[bun]
raíz (f)	արմատ	[armát]
corteza (f)	կեղև	[keǵév]
musgo (m)	մամուռ	[mamúr]

extirpar (vt)	արմատախիլ անել	[arm̆ataχíl anél]
talar (vt)	հատել	[hatél]
deforestar (vt)	անտառահատել	[antarahatél]
tocón (m)	կոճղ	[kočǵ]
hoguera (f)	խարույկ	[χarújk]
incendio (m) forestal	հրդեհ	[hrdeh]

apagar (~ el incendio)	հանգցնել	[hangtsʰnél]
guarda (m) forestal	անտառապահ	[antarapáh]
protección (f)	պահպանություն	[pahpanutʰjún]
proteger (vt)	պահպանել	[pahpanél]
cazador (m) furtivo	որսագող	[vorsagóǵ]
cepo (m)	թակարդ	[tʰakárd]

recoger (setas, bayas)	հավաքել	[havakʰél]
perderse (vr)	մոլորվել	[molorvél]

84. Los recursos naturales

recursos (m pl) naturales	բնական ռեսուրսներ	[bnakán resursnér]
recursos (m pl) subterráneos	օգտակար հանածոներ	[ogtakár hanatsonér]
depósitos (m pl)	հանքաշերտ	[hankʰašért]
yacimiento (m)	հանքավայր	[hankʰavájr]

extraer (vt)	արդյունահանել	[ardjunahanél]
extracción (f)	արդյունահանում	[ardjunahanúm]
mena (f)	հանքաքար	[hankʰakʰár]
mina (f)	հանք	[hankʰ]
pozo (m) de mina	հորան	[horán]
minero (m)	հանքափոր	[hankʰapʰór]

gas (m)	գազ	[gaz]
gasoducto (m)	գազատար	[gazatár]
petróleo (m)	նավթ	[navtʰ]
oleoducto (m)	նավթատար	[navtʰatár]
pozo (m) de petróleo	նավթային աշտարակ	[navtʰajín aštarák]
torre (f) de sondeo	հորատման աշտարակ	[horatmán aštarák]
petrolero (m)	լցանավ	[ltsʰanáv]

arena (f)	ավազ	[aváz]
caliza (f)	կրաքար	[krakʰár]
grava (f)	խիճ	[χič]
turba (f)	տորֆ	[torf]
arcilla (f)	կավ	[kav]
carbón (m)	ածուխ	[atsúχ]

hierro (m)	երկաթ	[erkátʰ]
oro (m)	ոսկի	[voski]
plata (f)	արծաթ	[artsátʰ]
níquel (m)	նիկել	[nikél]
cobre (m)	պղինձ	[pǵindz]

zinc (m)	ցինկ	[tsʰink]
manganeso (m)	մանգան	[mangán]
mercurio (m)	սնդիկ	[sndik]
plomo (m)	արճիճ	[arčíč]

mineral (m)	հանքանյութ	[hankʰanjútʰ]
cristal (m)	բյուրեղ	[bjuréǵ]
mármol (m)	մարմար	[marmár]
uranio (m)	ուրան	[urán]

85. El tiempo

tiempo (m)	եղանակ	[eǵanák]
previsión (f) del tiempo	եղանակի տեսություն	[eǵanakí tesutʰjún]
temperatura (f)	ջերմաստիճան	[dʒermastičán]
termómetro (m)	ջերմաչափ	[dʒermačápʰ]
barómetro (m)	ճանրաչափ	[tsanračápʰ]

humedad (f)	խոնավություն	[χonavutʰjún]
bochorno (m)	տապ	[tap]
tórrido (adj)	շոգ	[šog]
hace mucho calor	շոգ է	[šog ē]

| hace calor (templado) | տաք է | [takʰ ē] |
| templado (adj) | տաք | [takʰ] |

| hace frío | ցուրտ է | [tsʰúrt ē] |
| frío (adj) | սառը | [sárə] |

sol (m)	արև	[arév]
brillar (vi)	շողալ	[šoǵál]
soleado (un día ~)	արևային	[arevajín]
elevarse (el sol)	ծագել	[tsagél]
ponerse (vr)	մայր մտնել	[majr mtnel]

nube (f)	ամպ	[amp]
nuboso (adj)	ամպամած	[ampamáts]
nubarrón (m)	թուխպ	[tʰuχp]
nublado (adj)	ամպամած	[ampamáts]

lluvia (f)	անձրև	[andzrév]
está lloviendo	անձրև է գալիս	[andzrév ē galís]
lluvioso (adj)	անձրևային	[andzrevajín]
lloviznar (vi)	մաղել	[maǵél]

aguacero (m)	տեղատարափ անձրև	[teǵatarápʰ andzrév]
chaparrón (m)	տեղատարափ անձրև	[teǵatarápʰ andzrév]
fuerte (la lluvia ~)	տարափ	[tarápʰ]
charco (m)	ջրակույտ	[dʒrakújt]
mojarse (vr)	թրջվել	[tʰrdʒvel]

niebla (f)	մառախուղ	[maraχúǵ]
nebuloso (adj)	մառախլապատ	[maraχlapát]
nieve (f)	ձյուն	[dzjun]
está nevando	ձյուն է գալիս	[dzjún ē galís]

86. Los eventos climáticos severos. Los desastres naturales

tormenta (f)	փոթորիկ	[pʰotʰorík]
relámpago (m)	կայծակ	[kajtsák]
relampaguear (vi)	փայլատակել	[pʰajlatakél]
trueno (m)	որոտ	[vorót]
tronar (vi)	որոտալ	[vorotál]
está tronando	ամպերը որոտում են	[ampérə vorotúm én]
granizo (m)	կարկուտ	[karkút]
está granizando	կարկուտ է գալիս	[karkút ē galís]
inundar (vt)	հեղեղել	[heġeġél]
inundación (f)	հեղեղում	[heġeġúm]
terremoto (m)	երկրաշարժ	[erkrašárʒ]
sacudida (f)	ցնցում	[tsʰntsʰum]
epicentro (m)	էպիկենտրոն	[ēpikentrón]
erupción (f)	ժայթքում	[ʒajtʰkʰúm]
lava (f)	լավա	[láva]
torbellino (m)	մրրկասյուն	[mrrkasjún]
tornado (m)	տորնադո	[tornádo]
tifón (m)	տայֆուն	[tajfún]
huracán (m)	մրրիկ	[mrrik]
tempestad (f)	փոթորիկ	[pʰotʰorík]
tsunami (m)	ցունամի	[tsʰunámi]
ciclón (m)	ցիկլոն	[tsʰiklón]
mal tiempo (m)	վատ եղանակ	[vat eġanák]
incendio (m)	հրդեհ	[hrdeh]
catástrofe (f)	աղետ	[aġét]
meteorito (m)	երկնաքար	[erknakʰár]
avalancha (f)	հուսին	[husín]
alud (m) de nieve	ձնահյուս	[dznahjús]
ventisca (f)	բուք	[bukʰ]
nevasca (f)	բորան	[borán]

LA FAUNA

T&P Books Publishing

carnívoro (m)	գիշատիչ	[gišatíč]
tigre (m)	վագր	[vagr]
león (m)	առյուծ	[arjúts]
lobo (m)	գայլ	[gajl]
zorro (m)	աղվես	[aġvés]

jaguar (m)	հովազ	[hováz]
leopardo (m)	ընձառյուծ	[əndzarjúts]
guepardo (m)	շնակատու	[šnakatú]

pantera (f)	հովազ	[hováz]
puma (f)	կուգուար	[kuguár]
leopardo (m) de las nieves	ձյունաձերմակ հովազ	[dzjunačermák hováz]
lince (m)	լուսան	[lusán]

coyote (m)	կոյոտ	[kojót]
chacal (m)	շնագայլ	[šnagájl]
hiena (f)	բորենի	[borení]

animal (m)	կենդանի	[kendaní]
bestia (f)	գազան	[gazán]

ardilla (f)	սկյուռ	[skjur]
erizo (m)	ոզնի	[vozní]
liebre (f)	նապաստակ	[napasták]
conejo (m)	ճագար	[čagár]

tejón (m)	փորսուղ	[pʰorsúġ]
mapache (m)	ջրարջ	[dʒrardʒ]
hámster (m)	գերմանամուկ	[germanamúk]
marmota (f)	արջամուկ	[ardʒamúk]

topo (m)	խլուրդ	[χlurd]
ratón (m)	մուկ	[muk]
rata (f)	առնետ	[arnét]
murciélago (m)	չղջիկ	[čġdʒik]

armiño (m)	կնգում	[kngum]
cebellina (f)	սամույր	[samújr]
marta (f)	կզաքիս	[kzakʰís]

comadreja (f)	աքիս	[akʰís]
visón (m)	ջրաքիս	[dʒrakʰís]
castor (m)	կուղբ	[kuġb]
nutria (f)	ջրասամույր	[dʒrasamújr]
caballo (m)	ձի	[dzi]
alce (m)	որմզդեղն	[vormzdéġn]
ciervo (m)	եղջերու	[eġdʒerú]
camello (m)	ուղտ	[uġt]
bisonte (m)	բիզոն	[bizón]
uro (m)	վայրի ցուլ	[vajrí tsʰul]
búfalo (m)	գոմեշ	[goméš]
cebra (f)	զեբր	[zebr]
antílope (m)	այծեղջերու	[ajtseġdʒerú]
corzo (m)	այծյամ	[ajtsjám]
gamo (m)	եղնիկ	[eġník]
gamuza (f)	քարայծ	[kʰarájts]
jabalí (m)	վարազ	[varáz]
ballena (f)	կետ	[ket]
foca (f)	փոկ	[pʰok]
morsa (f)	ծովափիղ	[tsovapʰíġ]
oso (m) marino	ծովարջ	[tsovárdʒ]
delfín (m)	դելֆին	[delfín]
oso (m)	արջ	[ardʒ]
oso (m) blanco	սպիտակ արջ	[spiták árdʒ]
panda (f)	պանդա	[pánda]
mono (m)	կապիկ	[kapík]
chimpancé (m)	շիմպանզե	[šimpanzé]
orangután (m)	օրանգուտանգ	[orangutáng]
gorila (m)	գորիլլա	[gorílla]
macaco (m)	մակակա	[makáka]
gibón (m)	գիբբոն	[gibbón]
elefante (m)	փիղ	[pʰiġ]
rinoceronte (m)	ռնգեղջյուր	[rngeġdʒjúr]
jirafa (f)	ընձուղտ	[əndzúġt]
hipopótamo (m)	գետաձի	[getadzí]
canguro (m)	ագեվազ	[ageváz]
koala (f)	կոալա	[koála]
mangosta (f)	մանգուստ	[mangúst]
chinchilla (f)	շինշիլա	[šinšíla]
mofeta (f)	սկունս	[skuns]
espín (m)	խոզուկ	[xozúk]

89. Los animales domésticos

gata (f)   կատու   [katú]
gato (m)   կատու   [katú]
perro (m)   շուն   [šun]

caballo (m)   ձի   [dzi]
garañón (m)   հովատակ   [hovaták]
yegua (f)   զամբիկ   [zambík]

vaca (f)   կով   [kov]
toro (m)   ցուլ   [tsʰul]
buey (m)   եզ   [ez]

oveja (f)   ոչխար   [vočxár]
carnero (m)   խոյ   [xoj]
cabra (f)   այծ   [ajts]
cabrón (m)   այծ   [ajts]

asno (m)   ավանակ   [avanák]
mulo (m)   ջորի   [dʒorí]

cerdo (m)   խոզ   [xoz]
cerdito (m)   գոճի   [gočí]
conejo (m)   ճագար   [čagár]

gallina (f)   հավ   [hav]
gallo (m)   աքլոր   [akʰlór]

pato (m)   բադ   [bad]
ánade (m)   բադաքլոր   [badakʰlór]
ganso (m)   սագ   [sag]

pavo (m)   հնդկահավ   [hndkaháv]
pava (f)   հնդկահավ   [hndkaháv]

animales (m pl) domésticos   ընտանի կենդանիներ   [əntaní kendaninér]
domesticado (adj)   ձեռնասուն   [dzernasún]
domesticar (vt)   ընտելացնել   [əntelatsʰnél]
criar (vt)   բուծել   [butsél]

granja (f)   ֆերմա   [férma]
aves (f pl) de corral   ընտանի թռչուններ   [əntaní tʰrčunnér]
ganado (m)   անասուն   [anasún]
rebaño (m)   նախիր   [naxír]

caballeriza (f)   ախոռ   [axór]
porqueriza (f)   խոզանոց   [xozanótsʰ]
vaquería (f)   գոմ   [gom]
conejal (m)   ճագարանոց   [čagaranótsʰ]
gallinero (m)   հավանոց   [havanótsʰ]

90. Los pájaros

pájaro (m)	թռչուն	[tʰrčun]
paloma (f)	աղավնի	[aǵavní]
gorrión (m)	ճնճղուկ	[čnčǵuk]
carbonero (m)	երաշտահավ	[eraštaháv]
urraca (f)	կաչաղակ	[kačaǵák]

cuervo (m)	ագռավ	[agráv]
corneja (f)	ագռավ	[agráv]
chova (f)	ճայակ	[čaják]
grajo (m)	սերմնագռավ	[sermnagráv]

pato (m)	բադ	[bad]
ganso (m)	սագ	[sag]
faisán (m)	փասիան	[pʰasián]

águila (f)	արծիվ	[artsív]
azor (m)	շահեն	[šahén]
halcón (m)	բազե	[bazé]
buitre (m)	անգղ	[angǵ]
cóndor (m)	պասկուճ	[paskúč]

cisne (m)	կարապ	[karáp]
grulla (f)	կռունկ	[krunk]
cigüeña (f)	արագիլ	[aragíl]

loro (m), papagayo (m)	թութակ	[tʰutʰák]
colibrí (m)	կոլիբրի	[kolíbri]
pavo (m) real	սիրամարգ	[siramárg]

avestruz (m)	ջայլամ	[dʒajlám]
garza (f)	ձկնկուլ	[dzknkul]
flamenco (m)	վարդատեիկ	[vardatʰevík]
pelícano (m)	հավալուսն	[havalúsn]

ruiseñor (m)	սոխակ	[soχák]
golondrina (f)	ծիծեռնակ	[tsitsernák]

tordo (m)	կեռնեխ	[kernéχ]
zorzal (m)	երգող կեռնեխ	[ergóǵ kernéχ]
mirlo (m)	սև կեռնեխ	[sév kernéχ]

vencejo (m)	ջրածիծառ	[dʒratsitsár]
alondra (f)	արտույտ	[artújt]
codorniz (f)	լոր	[lor]

pájaro carpintero (m)	փայտփորիկ	[pʰajtpʰorík]
cuco (m)	կկու	[kəkú]
lechuza (f)	բու	[bu]
búho (m)	բվեճ	[bveč]

urogallo (m)	խլահավ	[χlaháv]
gallo lira (m)	ցախաքլոր	[ʦʰaχakʰlór]
perdiz (f)	կաքավ	[kakʰáv]

estornino (m)	սարյակ	[sarják]
canario (m)	դեղձանիկ	[deǵdzaník]
ortega (f)	արար	[akʰár]
pinzón (m)	սերինոս	[serinós]
camachuelo (m)	խածկտիկ	[χatsktík]

gaviota (f)	ճայ	[čaj]
albatros (m)	ալբատրոս	[albatrós]
pingüino (m)	պինգվին	[pingvín]

91. Los peces. Los animales marinos

brema (f)	բրամ	[bram]
carpa (f)	գետածածան	[getaʦaʦsán]
perca (f)	պերկես	[perkés]
siluro (m)	լոքո	[lokʰó]
lucio (m)	գայլաձուկ	[gajladzúk]

| salmón (m) | սաղման | [saǵmán] |
| esturión (m) | թառափ | [tʰarápʰ] |

arenque (m)	ծովատառեխ	[ʦovataréχ]
salmón (m) del Atlántico	սաղման ձուկ	[saǵmán dzuk]
caballa (f)	թյունիկ	[tʰjuník]
lenguado (m)	տափակաձուկ	[tapʰakadzúk]

lucioperca (f)	շիղաձուկ	[šiǵadzúk]
bacalao (m)	ձողաձուկ	[dzoǵadzúk]
atún (m)	թյունոս	[tʰjunnós]
trucha (f)	իշխան	[išχán]

anguila (f)	օձաձուկ	[odzadzúk]
raya (f) eléctrica	էլեկտրավոր կատվաձուկ	[ēlektravór katvadzúk]
morena (f)	մուրենա	[muréna]
piraña (f)	պիրանյա	[piránja]

tiburón (m)	շնաձուկ	[šnadzúk]
delfín (m)	դելֆին	[delfín]
ballena (f)	կետ	[ket]

centolla (f)	ծովախեցգետին	[ʦovaχeʦʰgetín]
medusa (f)	մեդուզա	[medúza]
pulpo (m)	ութոտնուկ	[utʰotnúk]

| estrella (f) de mar | ծովաստղ | [ʦovástǵ] |
| erizo (m) de mar | ծովոզնի | [ʦovozní] |

caballito (m) de mar	ծովաձի	[tsovadzí]
ostra (f)	ոստրե	[vostré]
camarón (m)	մանր ծովախեցգետին	[mánr tsovaxetshgetín]
bogavante (m)	օմար	[omár]
langosta (f)	լանգուստ	[langúst]

92. Los anfibios. Los reptiles

serpiente (f)	օձ	[odz]
venenoso (adj)	թունավոր	[thunavór]

víbora (f)	իժ	[iʒ]
cobra (f)	կոբրա	[kóbra]
pitón (m)	պիթոն	[pithón]
boa (f)	վիշապօձ	[višapódz]

culebra (f)	լորտու	[lortú]
serpiente (m) de cascabel	խարամանի	[xaramaní]
anaconda (f)	անակոնդա	[anakónda]

lagarto (m)	մողես	[moǵés]
iguana (f)	իգուանա	[iguána]
varano (m)	վարան	[varán]
salamandra (f)	սալամանդր	[salamándr]
camaleón (m)	քամելեոն	[khameleón]
escorpión (m)	կարիճ	[karíč]

tortuga (f)	կրիա	[kriá]
rana (f)	գորտ	[gort]
sapo (m)	դոդոշ	[dodóš]
cocodrilo (m)	կոկորդիլոս	[kokordilós]

93. Los insectos

insecto (m)	միջատ	[midʒát]
mariposa (f)	թիթեռ	[thithér]
hormiga (f)	մրջյուն	[mrdʒun]
mosca (f)	ճանճ	[čanč]
mosquito (m) (picadura de ~)	մոծակ	[motsák]
escarabajo (m)	բզեզ	[bzez]

avispa (f)	իշամեղու	[išameǵú]
abeja (f)	մեղու	[meǵú]
abejorro (m)	կրետ	[kret]
moscardón (m)	բոռ	[bor]
araña (f)	սարդ	[sard]
telaraña (f)	սարդոստայն	[sardostájn]

libélula (f)	ճպուռ	[čpur]
saltamontes (m)	մորեխ	[moréx]
mariposa (f) nocturna	թիթեռնիկ	[tʰitʰerník]
cucaracha (f)	ուտիճ	[utič]
garrapata (f)	տիզ	[tiz]
pulga (f)	լու	[lu]
mosca (f) negra	մլակ	[mlak]
langosta (f)	մարախ	[maráx]
caracol (m)	խխունջ	[xəxúndʒ]
grillo (m)	ծղրիդ	[tsġrid]
luciérnaga (f)	լուսատտիկ	[lusatitík]
mariquita (f)	զատիկ	[zatík]
sanjuanero (m)	մայիսյան բզեզ	[majisján bzez]
sanguijuela (f)	տզրուկ	[tzruk]
oruga (f)	թրթուր	[tʰrtʰur]
lombriz (m) de tierra	որդ	[vord]
larva (f)	թրթուր	[tʰrtʰur]

T&P BOOKS

LA FLORA

T&P Books Publishing

94. Los árboles

árbol (m)	ծառ	[tsar]
foliáceo (adj)	սաղարթավոր	[saġartʰavór]
conífero (adj)	փշատերև	[pʰšaterév]
de hoja perenne	մշտադալար	[mštadalár]
manzano (m)	խնձորենի	[χndzorení]
peral (m)	տանձենի	[tandzení]
cerezo (m)	կեռասենի	[kerasení]
guindo (m)	բալենի	[balení]
ciruelo (m)	սալորենի	[salorení]
abedul (m)	կեչի	[kečí]
roble (m)	կաղնի	[kaġní]
tilo (m)	լորի	[lorí]
pobo (m)	կաղամախի	[kaġamaχí]
arce (m)	թխկի	[tʰχki]
pícea (f)	եղևնի	[eġevní]
pino (m)	սոճի	[sočí]
alerce (m)	կուենի	[kuení]
abeto (m)	բրգաձև սոճի	[brgadzév sočí]
cedro (m)	մայրի	[majrí]
álamo (m)	բարդի	[bardí]
serbal (m)	սնձենի	[sndzení]
sauce (m)	ուռենի	[urení]
aliso (m)	լաստենի	[lastení]
haya (f)	հաճարենի	[hačarení]
olmo (m)	ծփի	[tspʰi]
fresno (m)	հացենի	[hatsʰení]
castaño (m)	շագանակենի	[šaganakení]
magnolia (f)	կղբի	[kġbi]
palmera (f)	արմավենի	[armavení]
ciprés (m)	նոճի	[nočí]
mangle (m)	մանգրածառ	[mangratsár]
baobab (m)	բաոբաբ	[baobáb]
eucalipto (m)	էվկալիպտ	[ēvkalípt]
secoya (f)	սեկվոյա	[sekvója]

95. Los arbustos

mata (f)	թուփ	[tʰupʰ]
arbusto (m)	թփուտ	[tʰpʰut]
vid (f)	խաղող	[χaġóġ]
viñedo (m)	խաղողի այգի	[χaġoġí ajgí]
frambueso (m)	մորի	[morí]
grosellero (m) rojo	կարմիր հաղարջ	[karmír haġárdӡ]
grosellero (m) espinoso	հաղարջ	[haġárdӡ]
acacia (f)	ակացիա	[akátsʰia]
berberís (m)	ծորենի	[tsorení]
jazmín (m)	հասմիկ	[hasmík]
enebro (m)	գիհի	[gihí]
rosal (m)	վարդենի	[vardení]
escaramujo (m)	մասուր	[masúr]

96. Las frutas. Las bayas

manzana (f)	խնձոր	[χndzor]
pera (f)	տանձ	[tandz]
ciruela (f)	սալոր	[salór]
fresa (f)	ելակ	[elák]
guinda (f)	բալ	[bal]
cereza (f)	կեռաս	[kerás]
uva (f)	խաղող	[χaġóġ]
frambuesa (f)	մորի	[morí]
grosella (f) negra	սև հաղարջ	[sév haġárdӡ]
grosella (f) roja	կարմիր հաղարջ	[karmír haġárdӡ]
grosella (f) espinosa	հաղարջ	[haġárdӡ]
arándano (m) agrio	լոռամրգի	[loramrgí]
naranja (f)	նարինջ	[naríndӡ]
mandarina (f)	մանդարին	[mandarín]
piña (f)	արքայախնձոր	[arkʰajaχndzór]
banana (f)	բանան	[banán]
dátil (m)	արմավ	[armáv]
limón (m)	կիտրոն	[kitrón]
albaricoque (m)	ծիրան	[tsirán]
melocotón (m)	դեղձ	[deġdz]
kiwi (m)	կիվի	[kívi]
toronja (f)	գրեյպֆրուտ	[grejpfrút]
baya (f)	հատապտուղ	[hataptúġ]

bayas (f pl)	հատապտուղներ	[hataptuǵnér]
arándano (m) rojo	հապալաս	[hapalás]
fresa (f) silvestre	վայրի ելակ	[vajrí elák]
arándano (m)	հապալաս	[hapalás]

97. Las flores. Las plantas

flor (f)	ծաղիկ	[tsaǵík]
ramo (m) de flores	ծաղկեփունջ	[tsaǵkepʰúndʒ]

rosa (f)	վարդ	[vard]
tulipán (m)	վարդակակաչ	[vardakakáč]
clavel (m)	մեխակ	[meχák]
gladiolo (m)	թրաշուշան	[tʰrašušán]

aciano (m)	կապույտ տերեփուկ	[kapújt terepʰúk]
campanilla (f)	զանգակ	[zangák]
diente (m) de león	կաթնուկ	[katʰnúk]
manzanilla (f)	երիցուկ	[eritsʰúk]

áloe (m)	ալոե	[alóe]
cacto (m)	կակտուս	[káktus]
ficus (m)	ֆիկուս	[fíkus]

azucena (f)	շուշան	[šušán]
geranio (m)	խորդենի	[χordení]
jacinto (m)	հակինթ	[hakíntʰ]

mimosa (f)	պատկարուկ	[patkarúk]
narciso (m)	նարգիզ	[nargíz]
capuchina (f)	ջրկոտեմ	[dʒrkotém]

orquídea (f)	խոլորձ	[χolórdz]
peonía (f)	բաջվարդ	[kʰadʒvárd]
violeta (f)	մանուշակ	[manušák]

trinitaria (f)	եռագույն մանուշակ	[eragújn manušák]
nomeolvides (f)	անմոռուկ	[anmorúk]
margarita (f)	մարգարտածաղիկ	[margartatsaǵík]

amapola (f)	կակաչ	[kakáč]
cáñamo (m)	կանեփ	[kanépʰ]
menta (f)	անանուխ	[ananúχ]

muguete (m)	հովտաշուշան	[hovtašušán]
campanilla (f) de las nieves	ձնծաղիկ	[dzntsaǵík]

ortiga (f)	եղինջ	[eǵíndʒ]
acedera (f)	թրթնջուկ	[tʰrtʰndʒuk]
nenúfar (m)	ջրաշուշան	[dʒrašušán]

| helecho (m) | ձարխոտ | [dzarχót] |
| liquen (m) | քարաքոս | [kʰarakʰós] |

invernadero (m) tropical	ջերմոց	[dʒermótsʰ]
césped (m)	գազոն	[gazón]
macizo (m) de flores	ծաղկաթումբ	[tsaǵkatʰúmb]

planta (f)	բույս	[bujs]
hierba (f)	խոտ	[χot]
hoja (f) de hierba	խոտիկ	[χotík]

hoja (f)	տերև	[terév]
pétalo (m)	թերթիկ	[tʰertʰík]
tallo (m)	ցողուն	[tsʰoǵún]
tubérculo (m)	պալար	[palár]

| retoño (m) | ծիլ | [tsil] |
| espina (f) | փուշ | [pʰuš] |

florecer (vi)	ծաղկել	[tsaǵkél]
marchitarse (vr)	թոշնել	[tʰršnel]
olor (m)	բուրմունք	[burmúnkʰ]
cortar (vt)	կտրել	[ktrel]
coger (una flor)	պոկել	[pokél]

98. Los cereales, los granos

grano (m)	հացահատիկ	[hatsʰahatík]
cereales (m pl) (plantas)	հացահատիկային բույսեր	[hatsʰahatikajín bujsér]
espiga (f)	հասկ	[hask]

trigo (m)	ցորեն	[tsʰorén]
centeno (m)	տարեկան	[tarekán]
avena (f)	վարսակ	[varsák]
mijo (m)	կորեկ	[korék]
cebada (f)	գարի	[garí]

maíz (m)	եգիպտացորեն	[egiptatsʰorén]
arroz (m)	բրինձ	[brindz]
alforfón (m)	հնդկացորեն	[hndkatsʰorén]

guisante (m)	սիսեռ	[sisér]
fréjol (m)	լոբի	[lobí]
soya (f)	սոյա	[sojá]
lenteja (f)	ոսպ	[vosp]
habas (f pl)	լոբազգիներ	[lobazginér]

T&P BOOKS

LOS PAÍSES

T&P Books Publishing

Afganistán (m)	Աֆղանստան	[afġanstán]
Albania (f)	Ալբանիա	[albánia]
Alemania (f)	Գերմանիա	[germánia]
Arabia (f) Saudita	Սաուդյան Արաբիա	[saudján arábia]
Argentina (f)	Արգենտինա	[argentína]
Armenia (f)	Հայաստան	[hajastán]
Australia (f)	Ավստրալիա	[avstrália]
Austria (f)	Ավստրիա	[avstria]
Azerbaiyán (m)	Ադրբեջան	[adrbedӡán]

Bangladesh (m)	Բանգլադեշ	[bangladéš]
Bélgica (f)	Բելգիա	[bélgia]
Bielorrusia (f)	Բելառուս	[belarús]
Bolivia (f)	Բոլիվիա	[bolívia]
Bosnia y Herzegovina	Բոսնիա և Հերցեգովինա	[bósnia év hertsʰegovína]
Brasil (m)	Բրազիլիա	[brazília]
Bulgaria (f)	Բուլղարիա	[bulġária]

Camboya (f)	Կամպուչիա	[kampučía]
Canadá (f)	Կանադա	[kanáda]
Chequia (f)	Չեխիա	[čéxia]
Chile (m)	Չիլի	[číli]
China (f)	Չինաստան	[činastán]
Chipre (m)	Կիպրոս	[kiprós]
Colombia (f)	Կոլումբիա	[kolúmbia]
Corea (f) del Norte	Հյուսիսային Կորեա	[hjusisají̇n koréa]
Corea (f) del Sur	Հարավային Կորեա	[haravají̇n koréa]
Croacia (f)	Խորվատիա	[xorvátia]
Cuba (f)	Կուբա	[kúba]

Dinamarca (f)	Դանիա	[dánia]
Ecuador (m)	Էկվադոր	[ēkvadór]
Egipto (m)	Եգիպտոս	[egiptós]
Emiratos (m pl) Árabes Unidos	Միավորված Արաբական Էմիրություններ	[miavorváts arabakán ēmirutʰjunnér]
Escocia (f)	Շոտլանդիա	[šotlándia]
Eslovaquia (f)	Սլովակիա	[slovákia]
Eslovenia	Սլովենիա	[slovénia]
España (f)	Իսպանիա	[ispánia]
Estados Unidos de América	Ամերիկայի Միացյալ Նահանգներ	[amerikají miatsʰjál nahangnér]
Estonia (f)	Էստոնիա	[ēstónia]
Finlandia (f)	Ֆինլանդիա	[finlándia]
Francia (f)	Ֆրանսիա	[fránsia]

100. Los países. Unidad 2

Georgia (f)	Վրաստան	[vrastán]
Ghana (f)	Գանա	[gána]
Gran Bretaña (f)	Մեծ Բրիտանիա	[mets británia]
Grecia (f)	Հունաստան	[hunastán]
Haití (m)	Հաիթի	[haitʰí]
Hungría (f)	Վենգրիա	[véngria]

India (f)	Հնդկաստան	[hndkastán]
Indonesia (f)	Ինդոնեզի	[indonézia]
Inglaterra (f)	Անգլիա	[ánglia]
Irak (m)	Իրաք	[irákʰ]
Irán (m)	Պարսկաստան	[parskastán]
Irlanda (f)	Իռլանդիա	[irlándia]
Islandia (f)	Իսլանդիա	[islándia]
Islas (f pl) Bahamas	Բահամյան կղզիներ	[bahamján kġzinér]

| Israel (m) | Իսրայել | [israjél] |
| Italia (f) | Իտալիա | [itália] |

Jamaica (f)	Ջամայկա	[jamájka]
Japón (m)	Ճապոնիա	[čapónia]
Jordania (f)	Հորդանան	[hordanán]

| Kazajstán (m) | Ղազախստան | [ġazaχstán] |
| Kenia (f) | Քենիա | [kʰénia] |

| Kirguizistán (m) | Ղրղզստան | [ġrġzstan] |
| Kuwait (m) | Քուվեյթ | [kʰuvéjtʰ] |

Laos (m)	Լաոս	[laós]
Letonia (f)	Լատվիա	[látvia]
Líbano (m)	Լիբանան	[libanán]
Libia (f)	Լիբիա	[líbia]
Liechtenstein (m)	Լիխտենեշտայն	[liχtenštájn]

| Lituania (f) | Լիտվա | [litvá] |
| Luxemburgo (m) | Լյուքսեմբուրգ | [ljukʰsembúrg] |

Macedonia	Մակեդոնիա	[makedónia]
Madagascar (m)	Մադագասկար	[madagaskár]
Malasia (f)	Մալայզիա	[malájzia]
Malta (f)	Մալթա	[máltʰa]
Marruecos (m)	Մարոկկո	[marókko]
Méjico (m)	Մեքսիկա	[mékʰsika]
Moldavia (f)	Մոլդովա	[moldóva]
Mónaco (m)	Մոնակո	[monáko]
Mongolia (f)	Մոնղոլիա	[mongólia]
Montenegro (m)	Չեռնոգորիա	[černogória]
Myanmar (m)	Մյանմար	[mjanmár]

101. Los países. Unidad 3

Namibia (f)	Նամիբիա	[namíbia]
Nepal (m)	Նեպալ	[nepál]
Noruega (f)	Նորվեգիա	[norvégia]
Nueva Zelanda (f)	Նոր Զելանդիա	[nor zelándia]
Países Bajos (m pl)	Նիդերլանդներ	[niderlandnér]
Pakistán (m)	Պակիստան	[pakistán]
Palestina (f)	Պաղեստինյան ինքնավարություն	[pağestinján ink^hnavarut^hjún]
Panamá (f)	Պանամա	[panáma]
Paraguay (m)	Պարագվայ	[paragváj]
Perú (m)	Պերու	[perú]
Polinesia (f) Francesa	Ֆրանսիական Պոլինեզիա	[fransiakán polinézia]
Polonia (f)	Լեհաստան	[lehastán]
Portugal (m)	Պորտուգալիա	[portugália]
República (f) Dominicana	Դոմինիկյան հանրապետություն	[dominikján hanrapetut^hjún]
República (f) Sudafricana	Հարավ-Աֆրիկյան հանրապետություն	[haráv afrikján hanrapetut^hjún]
Rumania (f)	Ռումինիա	[rumínia]
Rusia (f)	Ռուսաստան	[rusastán]
Senegal (m)	Սենեգալ	[senegál]
Serbia (f)	Սերբիա	[sérbia]
Siria (f)	Սիրիա	[síria]
Suecia (f)	Շվեդիա	[švédia]
Suiza (f)	Շվեյցարիա	[švejts^hária]
Surinam (m)	Սուրինամ	[surinám]
Tayikistán (m)	Տաջիկստան	[tadʒikstán]
Tailandia (f)	Թաիլանդ	[t^hailánd]
Taiwán (m)	Թայվան	[t^hajván]
Tanzania (f)	Տանզանիա	[tanzánia]
Tasmania (f)	Տասմանիա	[tasmánia]
Túnez (m)	Թունիս	[t^hunís]
Turkmenistán (m)	Թուրքմենստան	[t^hurk^hmenstán]
Turquía (f)	Թուրքիա	[t^húrk^hia]
Ucrania (f)	Ուկրաինա	[ukraína]
Uruguay (m)	Ուրուգվայ	[urugváj]
Uzbekistán (m)	Ուզբեկստան	[uzbekstán]
Vaticano (m)	Վատիկան	[vatikán]
Venezuela (f)	Վենեսուելա	[venesuéla]
Vietnam (m)	Վիետնամ	[vjetnám]
Zanzíbar (m)	Զանզիբար	[zanzibár]

T&P BOOKS

GLOSARIO GASTRONÓMICO

Esta sección contiene una gran cantidad de palabras y términos asociados con la comida. Este diccionario le hará más fácil la comprensión del menú de un restaurante y la elección del plato adecuado

T&P Books Publishing

¡Que aproveche!	Բարի ախորժա՛կ	[barí axorʒák]
abrebotellas (m)	բացիչ	[batsʰíč]
abrelatas (m)	բացիչ	[batsʰíč]
aceite (m) de girasol	արևածաղկի ձեթ	[arevatsaǵkí dzetʰ]
aceite (m) de oliva	ձիթապտղի ձեթ	[dzitʰaptǵí dzetʰ]
aceite (m) vegetal	բուսական յուղ	[busakán júǵ]
agua (f)	ջուր	[dʒur]
agua (f) mineral	հանքային ջուր	[hankʰajín dʒúr]
agua (f) potable	խմելու ջուր	[χmelú dʒur]
aguacate (m)	ավոկադո	[avokádo]
ahumado (adj)	ապխտած	[apχtáts]
ajo (m)	սխտոր	[sχtor]
albahaca (f)	ռեհան	[rehán]
albaricoque (m)	ծիրան	[tsirán]
alcachofa (f)	արտիճուկ	[artičúk]
alforfón (m)	հնդկացորեն	[hndkatsʰorén]
almendra (f)	նուշ	[nuš]
almuerzo (m)	ճաշ	[čaš]
amargo (adj)	դառը	[dárə]
anís (m)	անիսոն	[anisón]
anguila (f)	օձաձուկ	[odzadzúk]
aperitivo (m)	ապերիտիվ	[aperitív]
apetito (m)	ախորժակ	[aχorʒák]
apio (m)	նեխուր	[neχúr]
arándano (m)	հապալաս	[hapalás]
arándano (m) agrio	լոռամրգի	[loramrgí]
arándano (m) rojo	հապալաս	[hapalás]
arenque (m)	ծովատառեխ	[tsovataréχ]
arroz (m)	բրինձ	[brindz]
atún (m)	թյունոս	[tʰjunnós]
avellana (f)	պնդուկ	[pnduk]
avena (f)	վարսակ	[varsák]
azúcar (m)	շաքար	[šakʰár]
azafrán (m)	շաֆրան	[šafrán]
azucarado, dulce (adj)	քաղցր	[kʰaǵtsʰr]
bacalao (m)	ձողաձուկ	[dzoǵadzúk]
banana (f)	բանան	[banán]
bar (m)	բար	[bar]
barman (m)	բարմեն	[barmén]
batido (m)	կաթնային կոկտեյլ	[katʰnajín koktéjl]
baya (f)	հատապտուղ	[hataptúǵ]
bayas (f pl)	հատապտուղներ	[hataptuǵnér]
bebida (f) sin alcohol	ոչ ալկոհոլային ըմպելիք	[voč alkoholajín əmpelíkʰ]
bebidas (f pl) alcohólicas	ալկոհոլային խմիչքներ	[alkoholajín χmičkʰnér]

beicon (m)	բեկոն	[bekón]
berenjena (f)	սմբուկ	[smbuk]
bistec (m)	բիֆշտեքս	[bifštékʰs]
bocadillo (m)	բրդուճ	[brduč]
boleto (m) áspero	ժանտասունկ	[ʒantasúnk]
boleto (m) castaño	կարմրագլուխ սունկ	[karmraglúχ súnk]
brócoli (m)	կաղամբ բրոկոլի	[kaǧámb brokóli]
brema (f)	բրամ	[bram]
cóctel (m)	կոկտեյլ	[koktéjl]
caballa (f)	թյունիկ	[tʰjuník]
cacahuete (m)	գետնընկույզ	[getnənkújz]
café (m)	սուրճ	[surč]
café (m) con leche	կաթով սուրճ	[katʰóv súrč]
café (m) solo	սև սուրճ	[sev surč]
café (m) soluble	լուծվող սուրճ	[lutsvóg súrč]
calabacín (m)	դդմիկ	[ddmik]
calabaza (f)	դդում	[ddum]
calamar (m)	կաղամար	[kaǧamár]
caldo (m)	մսաջուր	[msadʒúr]
caliente (adj)	տաք	[takʰ]
caloría (f)	կալորիա	[kalória]
camarón (m)	մանր ծովախեցգետին	[mánr tsovaχetsʰgetín]
camarera (f)	մատուցողուհի	[matutsʰoǧuhí]
camarero (m)	մատուցող	[matutsʰóǧ]
canela (f)	դարչին	[darčín]
cangrejo (m) de mar	ծովախեցգետին	[tsovaχetsʰgetín]
capuchino (m)	սերուցքով սուրճ	[serutsʰkʰóv surč]
caramelo (m)	կոնֆետ	[konfét]
carbohidratos (m pl)	ածխաջրեր	[atsχadʒrér]
carne (f)	միս	[mis]
carne (f) de carnero	ոչխարի միս	[vočχarí mis]
carne (f) de cerdo	խոզի միս	[χozí mis]
carne (f) de ternera	հորթի միս	[hortʰí mís]
carne (f) de vaca	տավարի միս	[tavarí mis]
carne (f) picada	աղացած միս	[aǧatsʰáts mis]
carpa (f)	գետածածան	[getatsatsán]
carta (f) de vinos	գինիների ցուցակ	[gininerí gratsʰánk]
carta (f), menú (m)	մենյու	[menjú]
caviar (m)	ձկնկիթ	[dzknkitʰ]
caza (f) menor	որսամիս	[vorsamís]
cebada (f)	գարի	[garí]
cebolla (f)	սոխ	[soχ]
cena (f)	ընթրիք	[əntʰríkʰ]
centeno (m)	տարեկան	[tarekán]
cereales (m pl)	հացահատիկային բույսեր	[hatsʰahatikajín bujsér]
cereales (m pl) integrales	ձավար	[dzavár]
cereza (f)	կեռաս	[kerás]
cerveza (f)	գարեջուր	[garedʒúr]
cerveza (f) negra	մուգ գարեջուր	[múg garedʒúr]
cerveza (f) rubia	բաց գարեջուր	[batsʰ garedʒúr]
champaña (f)	շամպայն	[šampájn]
chicle (m)	մաստակ	[masták]

195

chocolate (m)	շոկոլադ	[šokolád]
cilantro (m)	գինձ	[gindz]
ciruela (f)	սալոր	[salór]
clara (f)	սպիտակուց	[spitakútsʰ]
clavo (m)	մեխակ	[meχák]
coñac (m)	կոնյակ	[konják]
cocido en agua (adj)	եփած	[epʰáts]
cocina (f)	խոհանոց	[χohanótsʰ]
col (f)	կաղամբ	[kaġámb]
col (f) de Bruselas	բրյուսելյան կաղամբ	[brjuseljan kaġámb]
coliflor (f)	ծաղկակաղամբ	[tsaġkakaġámb]
colmenilla (f)	մորխ	[morχ]
comida (f)	կերակուր	[kerakúr]
comino (m)	չաման	[čamán]
con gas	գազով	[gazóv]
con hielo	սառույցով	[saruɪsʰóv]
condimento (m)	համեմունք	[hamemúnkʰ]
conejo (m)	ճագար	[čagár]
confitura (f)	ջեմ	[dʒem]
confitura (f)	մուրաբա	[murabá]
congelado (adj)	սառեցված	[saretsʰváts]
conservas (f pl)	պահածոներ	[pahaʦonér]
copa (f) de vino	գավաթ	[gavátʰ]
copos (m pl) de maíz	եգիպտացորենի փաթիլներ	[egiptatsʰoreni pʰatʰilnér]
crema (f) de mantequilla	կրեմ	[krem]
cuchara (f)	գդալ	[gdal]
cuchara (f) de sopa	ճաշի գդալ	[čaši gdal]
cucharilla (f)	թեյի գդալ	[tʰeji gdal]
cuchillo (m)	դանակ	[danák]
cuenta (f)	հաշիվ	[hašív]
dátil (m)	արմավ	[armáv]
de chocolate (adj)	շոկոլադե	[šokoladé]
desayuno (m)	նախաճաշ	[naχačáš]
dieta (f)	սննդակարգ	[snndakárg]
eneldo (m)	սամիթ	[samítʰ]
ensalada (f)	աղցան	[aġʦʰán]
entremés (m)	խորտիկ	[χortík]
espárrago (m)	ծնեբեկ	[ʦnebék]
espagueti (m)	սպագետի	[spagétti]
especia (f)	համեմունք	[hamemúnkʰ]
espiga (f)	հասկ	[hask]
espinaca (f)	սպինատ	[spinát]
esturión (m)	թառափ	[tʰarápʰ]
fletán (m)	վահանաձուկ	[vahanadzúk]
fréjol (m)	լոբի	[lobí]
frío (adj)	սառը	[sárə]
frambuesa (f)	մորի	[morí]
fresa (f)	ելակ	[elák]
fresa (f) silvestre	վայրի ելակ	[vajrí elák]
frito (adj)	տապակած	[tapakáʦ]
fruto (m)	միրգ	[mirg]

gachas (f pl)	շիլա	[šilá]
galletas (f pl)	թխվածքաբլիթ	[tʰχvatskʰablítʰ]
gallina (f)	հավ	[hav]
ganso (m)	սագ	[sag]
gaseoso (adj)	գազավորված	[gazavováts]
ginebra (f)	ջին	[dʒin]
gofre (m)	վաֆլի	[vaflí]
granada (f)	նուռ	[nur]
grano (m)	հացահատիկ	[hatsʰahatík]
grasas (f pl)	ճարպեր	[čarpér]
grosella (f) espinosa	հաղարջ	[haġárdʒ]
grosella (f) negra	սև հաղարջ	[sév haġárdʒ]
grosella (f) roja	կարմիր հաղարջ	[karmír haġárdʒ]
guarnición (f)	գարնիր	[garnír]
guinda (f)	բալ	[bal]
guisante (m)	սիսեռ	[sisér]
hígado (m)	լյարդ	[ljard]
habas (f pl)	լոբի	[lobí]
hamburguesa (f)	համբուրգեր	[hamburgér]
harina (f)	ալյուր	[aljúr]
helado (m)	պաղպաղակ	[paġpaġák]
hielo (m)	սառույց	[sarújtsʰ]
higo (m)	թուզ	[tʰuz]
hoja (f) de laurel	դափնու տերև	[dapʰnú terév]
huevo (m)	ձու	[dzu]
huevos (m pl)	ձվեր	[dzver]
huevos (m pl) fritos	ձվածեղ	[dzvatség]
jamón (m)	խոզապուխտ	[χozapúχt]
jamón (m) fresco	ազդր	[azdr]
jengibre (m)	իմբիր	[imbír]
jugo (m) de tomate	տոմատի հյութ	[tomatí hjútʰ]
kiwi (m)	կիվի	[kívi]
langosta (f)	լանգուստ	[langúst]
leche (f)	կաթ	[katʰ]
leche (f) condensada	խտացրած կաթ	[χtatsʰráts kátʰ]
lechuga (f)	սալաթ	[salátʰ]
legumbres (f pl)	բանջարեղեն	[bandʒaregén]
lengua (f)	լեզու	[lezú]
lenguado (m)	տափակաձուկ	[tapʰakadzúk]
lenteja (f)	ոսպ	[vosp]
licor (m)	լիկյոր	[likjor]
limón (m)	կիտրոն	[kitrón]
limonada (f)	լիմոնադ	[limonád]
loncha (f)	պատառ	[patár]
lucio (m)	գայլաձուկ	[gajladzúk]
lucioperca (f)	շիղաձուկ	[šiġadzúk]
maíz (m)	եգիպտացորեն	[egiptatsʰorén]
maíz (m)	եգիպտացորեն	[egiptatsʰorén]
macarrones (m pl)	մակարոն	[makarón]
mandarina (f)	մանդարին	[mandarín]
mango (m)	մանգո	[mángo]
mantequilla (f)	սերուցքային կարագ	[serutsʰkʰajín karág]

197

manzana (f)	խնձոր	[χndzor]
margarina (f)	մարգարին	[margarín]
marinado (adj)	մարինացված	[marinatsʰváts]
mariscos (m pl)	ծովամթերքներ	[tsovamtʰerkʰnér]
matamoscas (m)	ճանճասպան	[čančaspán]
mayonesa (f)	մայոնեզ	[majonéz]
melón (m)	սեխ	[seχ]
melocotón (m)	դեղձ	[deɣdz]
mermelada (f)	մարմելադ	[marmelád]
miel (f)	մեղր	[meɣr]
miga (f)	փշուր	[pʰšur]
mijo (m)	կորեկ	[korék]
mini tarta (f)	հրուշակ	[hrušák]
mondadientes (m)	ատամնափորիչ	[atamnapʰoríč]
mostaza (f)	մանանեխ	[mananéχ]
nabo (m)	շաղգամ	[šaǵgám]
naranja (f)	նարինջ	[naríndʒ]
nata (f) agria	թթվասեր	[tʰtʰvasér]
nata (f) líquida	սերուցք	[serútsʰkʰ]
nuez (f)	ընկույզ	[ənkújz]
nuez (f) de coco	կոկոսի ընկույզ	[kokósi ənkújz]
olivas, aceitunas (f pl)	զեյթուն	[zeytún]
oronja (f) verde	թունավոր սունկ	[tʰunavór sunk]
ostra (f)	ոստրե	[vostré]
pan (m)	հաց	[hatsʰ]
papaya (f)	պապայա	[papája]
paprika (f)	պապրիկա	[páprika]
pasas (f pl)	չամիչ	[čamíč]
pasteles (m pl)	հրուշակեղեն	[hrušakeǵén]
paté (m)	պաշտետ	[paštét]
patata (f)	կարտոֆիլ	[kartofíl]
pato (m)	բադ	[bad]
pava (f)	հնդկահավ	[hndkaháv]
pedazo (m)	կտոր	[ktor]
pepino (m)	վարունգ	[varúng]
pera (f)	տանձ	[tandz]
perca (f)	պերկես	[perkés]
perejil (m)	մաղադանոս	[maǵadanós]
pescado (m)	ձուկ	[dzuk]
piña (f)	արքայախնձոր	[arkʰajaχndzór]
piel (f)	կլեպ	[klep]
pimienta (f) negra	սև պղպեղ	[sev pǵpéǵ]
pimienta (f) roja	կարմիր պղպեղ	[karmír pǵpéǵ]
pimiento (m) dulce	պղպեղ	[pǵpeǵ]
pistachos (m pl)	պիստակ	[pisták]
pizza (f)	պիցցա	[pítsʰa]
platillo (m)	պնակ	[pnak]
plato (m)	ճաշատեսակ	[čašatesák]
plato (m)	ափսե	[apʰsé]
pomelo (m)	գրեյպֆրուտ	[grejpfrút]
porción (f)	բաժին	[bažín]
postre (m)	աղանդեր	[aǵandér]

propina (f)	թեյավճար	[tʰejapʰóg]
proteínas (f pl)	սպիտակուցներ	[spitakutsʰnér]
puré (m) de patatas	կարտոֆիլի պյուրե	[kartofilí pjuré]
queso (m)	պանիր	[panír]
rábano (m)	բողկ	[boǵk]
rábano (m) picante	ծովաբողկ	[tsovabóǵk]
rúsula (f)	դառնամատիտեղ	[darnamatitég]
rebozuelo (m)	ձվասունկ	[dzvasúnk]
receta (f)	բաղադրատոմս	[baǵadratóms]
refresco (m)	զովացուցիչ ըմպելիք	[zovatsʰutsʰíč əmpelíkʰ]
regusto (m)	կողմնակի համ	[koǵmnakí ham]
relleno (m)	լցոն	[ltsʰon]
remolacha (f)	բազուկ	[bazúk]
ron (m)	ռոմ	[rom]
sésamo (m)	քնջութ	[kʰndʒutʰ]
sabor (m)	համ	[ham]
sabroso (adj)	համեղ	[haméǵ]
sacacorchos (m)	խցանահան	[χtsʰanahán]
sal (f)	աղ	[aǵ]
salado (adj)	աղի	[aǵí]
salchichón (m)	երշիկ	[eršík]
salchicha (f)	նրբերշիկ	[nrberšík]
salmón (m)	սաղմոն	[saǵmán]
salmón (m) del Atlántico	սաղմոն ձուկ	[saǵmán dzuk]
salsa (f)	սոուս	[soús]
sandía (f)	ձմերուկ	[dzmerúk]
sardina (f)	սարդինա	[sardína]
seco (adj)	չորացրած	[čoratsʰráts]
seta (f)	սունկ	[sunk]
seta (f) comestible	ուտելու սունկ	[utelú súnk]
seta (f) venenosa	թունավոր սունկ	[tʰunavór sunk]
seta calabaza (f)	սպիտակ սունկ	[spiták súnk]
siluro (m)	լոքո	[lokʰó]
sin alcohol	ոչ ալկոհոլային	[voč alkoholajín]
sin gas	առանց գազի	[aránts gazí]
sopa (f)	ապուր	[apúr]
soya (f)	սոյա	[sojá]
té (m)	թեյ	[tʰej]
té (m) negro	սև թեյ	[sev tʰej]
té (m) verde	կանաչ թեյ	[kanáč tʰej]
tallarines (m pl)	լափշա	[lapʰšá]
tarta (f)	տորթ	[tortʰ]
tarta (f)	կարկանդակ	[karkandák]
taza (f)	բաժակ	[baʒák]
tenedor (m)	պատառաքաղ	[patarakʰáǵ]
tiburón (m)	շնաձուկ	[šnadzúk]
tomate (m)	լոլիկ	[lolík]
tortilla (f) francesa	ձվածեղ	[dzvatséǵ]
trigo (m)	ցորեն	[tsʰorén]
trucha (f)	իշխան	[išχán]
uva (f)	խաղող	[χaǵóǵ]
vaso (m)	բաժակ	[baʒák]

vegetariano (adj)	բուսակերական	[busakerakán]
vegetariano (m)	բուսակեր	[busakér]
verduras (f pl)	կանաչի	[kanačí]
vermú (m)	վերմուտ	[vérmut]
vinagre (m)	քացախ	[kʰatsʰáx]
vino (m)	գինի	[giní]
vino (m) blanco	սպիտակ գինի	[spiták giní]
vino (m) tinto	կարմիր գինի	[karmír giní]
vitamina (f)	վիտամին	[vitamín]
vodka (m)	օղի	[oġí]
whisky (m)	վիսկի	[víski]
yema (f)	դեղնուց	[deġnútsʰ]
yogur (m)	յոգուրտ	[jogúrt]
zanahoria (f)	գազար	[gazár]
zarzamoras (f pl)	մոշ	[moš]
zumo (m) de naranja	նարնջի հյութ	[narndʒí hjutʰ]
zumo (m) fresco	թարմ քամված հյութ	[tʰarm kʰamváts hjutʰ]
zumo (m), jugo (m)	հյութ	[hjutʰ]

Armenio-Español glosario gastronómico

Բարի ախորժա'կ	[barí aχorʒák]	¡Que aproveche!
ազդր	[azdr]	jamón (m) fresco
ալկոհոլային խմիչքներ	[alkoholajín χmičkʰnér]	bebidas (f pl) alcohólicas
ալյուր	[aljúr]	harina (f)
ախորժակ	[aχorʒák]	apetito (m)
ածխաջրեր	[atsχadʒrér]	carbohidratos (m pl)
աղ	[aǵ]	sal (f)
աղանդեր	[aǵandér]	postre (m)
աղացած միս	[aǵatsʰáts mis]	carne (f) picada
աղի	[aǵí]	salado (adj)
աղցան	[aǵtsʰán]	ensalada (f)
անիսոն	[anisón]	anís (m)
ապերիտիվ	[aperitív]	aperitivo (m)
ապխտած	[apχtáts]	ahumado (adj)
ապուր	[apúr]	sopa (f)
առանց գազի	[aránts ͪ gazí]	sin gas
ավոկադո	[avokádo]	aguacate (m)
ատամնափորիչ	[atamnapʰoríč]	mondadientes (m)
արմավ	[armáv]	dátil (m)
արտիճուկ	[artičúk]	alcachofa (f)
արքայախնձոր	[arkʰajaχndzór]	piña (f)
արևածաղկի ձեթ	[arevatsaǵkí dzetʰ]	aceite (m) de girasol
ափսե	[apʰsé]	plato (m)
բադ	[bad]	pato (m)
բազուկ	[bazúk]	remolacha (f)
բաժակ	[baʒák]	vaso (m)
բաժակ	[baʒák]	taza (f)
բաժին	[baʒín]	porción (f)
բալ	[bal]	guinda (f)
բաղադրատոմս	[baǵadratóms]	receta (f)
բանան	[banán]	banana (f)
բանջարեղեն	[bandʒareǵén]	legumbres (f pl)
բար	[bar]	bar (m)
բարմեն	[barmén]	barman (m)
բաց գարեջուր	[batsʰ garedʒúr]	cerveza (f) rubia
բացիչ	[batsʰíč]	abrebotellas (m)
բացիչ	[batsʰíč]	abrelatas (m)
բեկոն	[bekón]	beicon (m)
բիֆշտեքս	[bifštékʰs]	bistec (m)
բողկ	[boǵk]	rábano (m)
բուսական յուղ	[busakán júǵ]	aceite (m) vegetal
բուսակեր	[busakér]	vegetariano (m)
բուսակերական	[busakerakán]	vegetariano (adj)
բրամ	[bram]	brema (f)

201

բրդուճ	[brduč]	bocadillo (m)
բրինձ	[brindz]	arroz (m)
բրյուսելյան կաղամբ	[brjuselján kaġámb]	col (f) de Bruselas
գազավորված	[gazavorváts]	gaseoso (adj)
գազար	[gazár]	zanahoria (f)
գազով	[gazóv]	con gas
գայլաձուկ	[gajladzúk]	lucio (m)
գառնիր	[garnír]	guarnición (f)
գավաթ	[gavátʰ]	copa (f) de vino
գարեջուր	[garedzúr]	cerveza (f)
գարի	[garí]	cebada (f)
գդալ	[gdal]	cuchara (f)
գետաձածան	[getatsatsán]	carpa (f)
գետնընկույզ	[getnənkújz]	cacahuete (m)
գինի	[giní]	vino (m)
գինիների գրացանկ	[gininerí gratsʰánk]	carta (f) de vinos
գինձ	[gindz]	cilantro (m)
գրեյպֆրուտ	[grejpfrút]	pomelo (m)
դանակ	[danák]	cuchillo (m)
դառը	[dárə]	amargo (adj)
դառնամատիտեղ	[darnamatitéġ]	rúsula (f)
դարչին	[darčín]	canela (f)
դափնու տերև	[dapʰnú terév]	hoja (f) de laurel
դդմիկ	[ddmik]	calabacín (m)
դդում	[ddum]	calabaza (f)
դեղձ	[deġdz]	melocotón (m)
դեղնուց	[deġnútsʰ]	yema (f)
եգիպտացորեն	[egiptatsʰorén]	maíz (m)
եգիպտացորեն	[egiptatsʰorén]	maíz (m)
եգիպտացորենի փաթիլներ	[egiptatsʰorení pʰatʰilnér]	copos (m pl) de maíz
ելակ	[elák]	fresa (f)
երշիկ	[eršík]	salchichón (m)
եփած	[epʰáts]	cocido en agua (adj)
զեյթուն	[zeytún]	olivas, aceitunas (f pl)
զովացուցիչ ըմպելիք	[zovatsʰutsʰíč əmpelíkʰ]	refresco (m)
ընթրիք	[əntʰríkʰ]	cena (f)
ընկույզ	[ənkújz]	nuez (f)
թառափ	[tʰarápʰ]	esturión (m)
թարմ քամված հյութ	[tʰarm kʰamváts hjutʰ]	zumo (m) fresco
թեյ	[tʰej]	té (m)
թեյափող	[tʰejapʰóġ]	propina (f)
թեյի գդալ	[tʰeji gdal]	cucharilla (f)
թթվասեր	[tʰtʰvasér]	nata (f) agria
թխվածքաբլիթ	[tʰχvatskʰablítʰ]	galletas (f pl)
թյունիկ	[tʰjuník]	caballa (f)
թյունոս	[tʰjunnós]	atún (m)
թուզ	[tʰuz]	higo (m)
թունավոր սունկ	[tʰunavór sunk]	seta (f) venenosa
թունավոր սունկ	[tʰunavór sunk]	oronja (f) verde
ժանտասունկ	[ʒantasúnk]	boleto (m) áspero
իմբիր	[imbír]	jengibre (m)

իշխան	[išxán]	trucha (f)
լանգուստ	[langúst]	langosta (f)
լափշա	[lapʰšá]	tallarines (m pl)
լեզու	[lezú]	lengua (f)
լիկյոր	[likjor]	licor (m)
լիմոնադ	[limonád]	limonada (f)
լյարդ	[ljard]	hígado (m)
լոբի	[lobí]	habas (f pl)
լոբի	[lobí]	fréjol (m)
լոլիկ	[lolík]	tomate (m)
լոռամրգի	[loramrgí]	arándano (m) agrio
լուծվող սուրճ	[lutsvóg súrč]	café (m) soluble
լոքո	[lokʰó]	siluro (m)
լցոն	[ltsʰon]	relleno (m)
խաղող	[χaǧóǧ]	uva (f)
խմելու ջուր	[χmelú dʒur]	agua (f) potable
խնձոր	[χndzor]	manzana (f)
խոզապուխտ	[χozapúχt]	jamón (m)
խոզի միս	[χozí mis]	carne (f) de cerdo
խոհանոց	[χohanótsʰ]	cocina (f)
խորտիկ	[χortík]	entremés (m)
խտացրած կաթ	[χtatsʰráts kátʰ]	leche (f) condensada
խցանահան	[χtsʰanahán]	sacacorchos (m)
ծաղկակաղամբ	[tsaǧkakaǧámb]	coliflor (f)
ծիրան	[tsirán]	albaricoque (m)
ծնեբեկ	[tsnebék]	espárrago (m)
ծովաբողկ	[tsovabógk]	rábano (m) picante
ծովախեցգետին	[tsovaχetsʰgetín]	cangrejo (m) de mar
ծովամթերքներ	[tsovamtʰerkʰnér]	mariscos (m pl)
ծովատարեխ	[tsovataréχ]	arenque (m)
կաթ	[katʰ]	leche (f)
կաթնային կոկտեյլ	[katʰnajín koktéjl]	batido (m)
կաթով սուրճ	[katʰóv súrč]	café (m) con leche
կալորիա	[kalória]	caloría (f)
կաղամար	[kaǧamár]	calamar (m)
կաղամբ	[kaǧámb]	col (f)
կաղամբ բրոկոլի	[kaǧámb brokóli]	brócoli (m)
կանաչ թեյ	[kanáč tʰej]	té (m) verde
կանաչի	[kanačí]	verduras (f pl)
կարկանդակ	[karkandák]	tarta (f)
կարմիր գինի	[karmír giní]	vino (m) tinto
կարմիր հաղարջ	[karmír haǧárdʒ]	grosella (f) roja
կարմիր պղպեղ	[karmír pǧpéǧ]	pimienta (f) roja
կարմրագլուխ սունկ	[karmraglúχ súnk]	boleto (m) castaño
կարտոֆիլ	[kartofíl]	patata (f)
կարտոֆիլի պյուրե	[kartofilí pjuré]	puré (m) de patatas
կեռաս	[kerás]	cereza (f)
կերակուր	[kerakúr]	comida (f)
կիվի	[kívi]	kiwi (m)
կիտրոն	[kitrón]	limón (m)
կլեպ	[klep]	piel (f)
կոկոսի ընկույզ	[kokósi ənkújz]	nuez (f) de coco

կոկտեյլ	[koktéjl]	cóctel (m)
կողմնակի համ	[koģmnakí ham]	regusto (m)
կոնյակ	[konják]	coñac (m)
կոնֆետ	[konfét]	caramelo (m)
կորեկ	[korék]	mijo (m)
կտոր	[ktor]	pedazo (m)
կրեմ	[krem]	crema (f) de mantequilla
հաղարջ	[haģárdʒ]	grosella (f) espinosa
համ	[ham]	sabor (m)
համբուրգեր	[hamburgér]	hamburguesa (f)
համեղ	[haméģ]	sabroso (adj)
համեմունք	[hamemúnkʰ]	condimento (m)
համեմունք	[hamemúnkʰ]	especia (f)
հանքային ջուր	[hankʰajín dʒúr]	agua (f) mineral
հաշիվ	[hašív]	cuenta (f)
հապալաս	[hapalás]	arándano (m)
հապալաս	[hapalás]	arándano (m) rojo
հասկ	[hask]	espiga (f)
հավ	[hav]	gallina (f)
հատապտուղ	[hataptúģ]	baya (f)
հատապտուղներ	[hataptuģnér]	bayas (f pl)
հաց	[hatsʰ]	pan (m)
հացահատիկ	[hatsʰahatík]	grano (m)
հացահատիկային բույսեր	[hatsʰahatikajín bujsér]	cereales (m pl)
հյութ	[hjutʰ]	zumo (m), jugo (m)
հնդկահավ	[hndkaháv]	pava (f)
հնդկացորեն	[hndkatsʰorén]	alforfón (m)
հորթի միս	[hortʰí mís]	carne (f) de ternera
հրուշակ	[hrušák]	mini tarta (f)
հրուշակեղեն	[hrušakeģén]	pasteles (m pl)
ձավար	[dzavár]	cereales (m pl) integrales
ձիթապտղի ձեթ	[dzitʰaptģí dzetʰ]	aceite (m) de oliva
ձկնկիթ	[dzknkitʰ]	caviar (m)
ձմերուկ	[dzmerúk]	sandía (f)
ձողաձուկ	[dzoģadzúk]	bacalao (m)
ձու	[dzu]	huevo (m)
ձուկ	[dzuk]	pescado (m)
ձվածեղ	[dzvatséģ]	huevos (m pl) fritos
ձվածեղ	[dzvatséģ]	tortilla (f) francesa
ձվասունկ	[dzvasúnk]	rebozuelo (m)
ձվեր	[dzver]	huevos (m pl)
ճագար	[čagár]	conejo (m)
ճանճասպան	[čančaspán]	matamoscas (m)
ճաշ	[čaš]	almuerzo (m)
ճաշատեսակ	[čašatesák]	plato (m)
ճաշի գդալ	[čáši gdal]	cuchara (f) de sopa
ճարպեր	[čarpér]	grasas (f pl)
մակարոն	[makarón]	macarrones (m pl)
մաղադանոս	[maģadanós]	perejil (m)
մայոնեզ	[majonéz]	mayonesa (f)
մանանեխ	[mananéx]	mostaza (f)
մանգո	[mángo]	mango (m)

մանդարին	[mandarín]	mandarina (f)
մանր ծովախեցգետին	[mánr tsovaxetsʰgetín]	camarón (m)
մաստակ	[masták]	chicle (m)
մատուցող	[matutsʰóg]	camarero (m)
մատուցողուհի	[matutsʰoguhí]	camarera (f)
մարգարին	[margarín]	margarina (f)
մարինացված	[marinatsʰváts]	marinado (adj)
մարմելադ	[marmelád]	mermelada (f)
մեխակ	[mexák]	clavo (m)
մեղր	[megr]	miel (f)
մենյու	[menjú]	carta (f), menú (m)
միս	[mis]	carne (f)
միրգ	[mirg]	fruto (m)
մոշ	[moš]	zarzamoras (f pl)
մորի	[morí]	frambuesa (f)
մորխ	[morx]	colmenilla (f)
մուգ գարեջուր	[múg garedʒúr]	cerveza (f) negra
մուրաբա	[murabá]	confitura (f)
մսաջուր	[msadʒúr]	caldo (m)
յոգուրտ	[jogúrt]	yogur (m)
նախաճաշ	[naxačáš]	desayuno (m)
նարինջ	[naríndʒ]	naranja (f)
նարնջի հյութ	[narndʒí hjutʰ]	zumo (m) de naranja
նեխուր	[nexúr]	apio (m)
նուշ	[nuš]	almendra (f)
նուռ	[nur]	granada (f)
նրբերշիկ	[nrberšík]	salchicha (f)
շաղգամ	[šaggám]	nabo (m)
շամպայն	[šampájn]	champaña (f)
շաքար	[šakʰár]	azúcar (m)
շաֆրան	[šafrán]	azafrán (m)
շիլա	[šilá]	gachas (f pl)
շիղաձուկ	[šigadzúk]	lucioperca (f)
շնաձուկ	[šnadzúk]	tiburón (m)
շոկոլադ	[šokolád]	chocolate (m)
շոկոլադե	[šokoladé]	de chocolate (adj)
ոչ ալկոհոլային	[voč alkoholajín]	sin alcohol
ոչ ալկոհոլային ըմպելիք	[voč alkoholajín əmpelíkʰ]	bebida (f) sin alcohol
ոչխարի միս	[počxarí mis]	carne (f) de carnero
ոսպ	[vosp]	lenteja (f)
ոստրե	[vostré]	ostra (f)
որսամիս	[vorsamís]	caza (f) menor
ուտելու սունկ	[utelú súnk]	seta (f) comestible
չաման	[čamán]	comino (m)
չամիչ	[čamíč]	pasas (f pl)
չորացրած	[čoratsʰráts]	seco (adj)
պահածոներ	[pahatsonér]	conservas (f pl)
պաղպաղակ	[pagpagák]	helado (m)
պանիր	[panír]	queso (m)
պաշտետ	[paštét]	paté (m)
պապայա	[papája]	papaya (f)
պապրիկա	[páprika]	paprika (f)

պատառ	[patár]	loncha (f)
պատառաքաղ	[patarakʰáġ]	tenedor (m)
պերկես	[perkés]	perca (f)
պիստակ	[pisták]	pistachos (m pl)
պիցցա	[pítsʰa]	pizza (f)
պղպեղ	[pġpeġ]	pimiento (m) dulce
պնակ	[pnak]	platillo (m)
պնդուկ	[pnduk]	avellana (f)
ջեմ	[dʒem]	confitura (f)
ջին	[dʒin]	ginebra (f)
ջուր	[dʒur]	agua (f)
ռեհան	[rehán]	albahaca (f)
ռոմ	[rom]	ron (m)
սագ	[sag]	ganso (m)
սալաթ	[salátʰ]	lechuga (f)
սալոր	[salór]	ciruela (f)
սաղմոն	[saġmán]	salmón (m)
սաղմոն ձուկ	[saġmán dzuk]	salmón (m) del Atlántico
սամիթ	[samítʰ]	eneldo (m)
սառեցված	[saretsʰváts]	congelado (adj)
սառը	[sárə]	frío (adj)
սառույց	[sarújtsʰ]	hielo (m)
սառույցով	[sarutsʰóv]	con hielo
սարդինա	[sardína]	sardina (f)
սեխ	[seχ]	melón (m)
սերուցք	[serútsʰkʰ]	nata (f) líquida
սերուցքային կարագ	[serutsʰkʰajín karág]	mantequilla (f)
սերուցքով սուրճ	[serutsʰkʰóv surč]	capuchino (m)
սիսեռ	[sisér]	guisante (m)
սխտոր	[sχtor]	ajo (m)
սմբուկ	[smbuk]	berenjena (f)
սննդակարգ	[snndakárg]	dieta (f)
սոխ	[soχ]	cebolla (f)
սոյա	[sojá]	soya (f)
սոուս	[soús]	salsa (f)
սունկ	[sunk]	seta (f)
սուրճ	[surč]	café (m)
սպագետի	[spagétti]	espagueti (m)
սպինատ	[spinát]	espinaca (f)
սպիտակ գինի	[spiták giní]	vino (m) blanco
սպիտակ սունկ	[spiták súnk]	seta calabaza (f)
սպիտակույց	[spitakútsʰ]	clara (f)
սպիտակույցներ	[spitakutsʰnér]	proteínas (f pl)
սև թեյ	[sev tʰej]	té (m) negro
սև հաղարջ	[sév haġárdʒ]	grosella (f) negra
սև պղպեղ	[sev pġpéġ]	pimienta (f) negra
սև սուրճ	[sev surč]	café (m) solo
վահանաձուկ	[vahanadzúk]	fletán (m)
վայրի ելակ	[vajrí elák]	fresa (f) silvestre
վարունգ	[varúng]	pepino (m)
վարսակ	[varsák]	avena (f)
վաֆլի	[vaflí]	gofre (m)

վերմուտ	[vérmut]	vermú (m)
վիսկի	[víski]	whisky (m)
վիտամին	[vitamín]	vitamina (f)
տանձ	[tandz]	pera (f)
տապակած	[tapakáts]	frito (adj)
տավարի միս	[tavarí mis]	carne (f) de vaca
տարեկան	[tarekán]	centeno (m)
տապակածուկ	[tapʰakadzúk]	lenguado (m)
տաք	[takʰ]	caliente (adj)
տոմատի հյութ	[tomatí hjútʰ]	jugo (m) de tomate
տորթ	[tortʰ]	tarta (f)
ցորեն	[tsʰorén]	trigo (m)
փշուր	[pʰšur]	miga (f)
քաղցր	[kʰaǵtsʰr]	azucarado, dulce (adj)
քացախ	[kʰatsʰʰáx]	vinagre (m)
քնջութ	[kʰndʒutʰ]	sésamo (m)
օձաձուկ	[odzadzúk]	anguila (f)
օղի	[oǵí]	vodka (m)